WICCA
LE MANOIR DES SORCELAGE

MARIE ALHINHO

à la moi de douze ans

qui apprenait à se haïr

j'aimerais te dire

que tout ira bien

Poulpe Fictions, un département d'Édi8,
12, avenue d'Italie, 75013 Paris – www.poulpe-fictions.fr

Conception graphique : Manon Bucciarelli
Illustration des personnages de couverture : Diglee
Illustrations intérieures : Manon Bucciarelli
Maquette : Laure Afchain
Correction : Anne-Sophie Bord
À Lola, poulpe avant le poulpe, dont les chatouilles nous manquent.

Loi n° 49-956 du 16 juillet 1949 sur les publications destinées à la jeunesse, modifiée par la loi n° 2011-525 du 17 mai 2011.
ISBN : 978-2-3774-2087-2 – Dépôt légal : octobre 2019.
Imprimé en Espagne

LE MANOIR DES SORCELAGE

WICCA

MARIE ALHINHO

poulpe FICTIONS

Prologue

À minuit, l'heure des sorcières, la brise fit frissonner les étoiles reflétées sur les eaux des marais. Une fleur de brume apparut soudain entre les joncs et les roseaux, avant de s'épanouir et de se répandre, recouvrant peu à peu la surface des marécages comme un gris linceul. Elle s'épaissit et s'obscurcit, jusqu'à masquer la lumière de la lune. On ne vit plus, dès lors, que les lueurs étranges de minces flammes bleues. Elles flottaient au contact de l'eau, comme par magie. Peu à peu, des visages émergèrent dans la pénombre. D'abord un œil, puis deux, puis dix. Ils étaient jaunes, et blancs, et rouges, toujours fantomatiques et inquiétants. Pendant un long moment, rien d'autre ne fut décelable dans le brouillard que l'aura bleue des feux follets et que ces yeux qui constellaient la nuit. Puis s'esquissèrent les contours de nez trop pointus, de fronts bizarrement cornus, de mains aux longs doigts crochus.

À minuit, l'heure des sorcières, tous les esprits s'éveillèrent.

Ils savaient, mieux que quiconque, mieux que n'importe quel habitant des villages environnants, que cette nuit-là ne serait pas une nuit comme les autres.

Si tu ne nuis pas,
fais ce que voudras.

PRÉCIS DE BONNES MANIÈRES
À L'USAGE DES SORCIERS AGUERRIS
Ysaurine Proctor-Sorcelage, 1892

I

1

Le manoir

Des rires résonnèrent et le manoir se renfrogna.

Il se considérait comme un manoir bien éduqué. Respectueux et parfois même discret, il faisait preuve de loyauté envers la famille de sorciers qui l'habitait. Certes, il pouvait parfois se montrer capricieux et provoquer quelques débordements, mais il savait se contrôler. Ce n'étaient jamais de terribles catastrophes, comme il pouvait en arriver dans d'autres maisons, antres et cabanes de sorciers. Par exemple, il s'empêchait d'inonder tout le rez-de-chaussée ou d'incendier l'antique bibliothèque – et c'était tout à son honneur. Il se contentait de quelques farces, rien de bien terrifiant.

Un doigt coincé dans une porte.

Un pied entravé par un tapis.

Une tête cognée contre une poutre trop basse.

Aujourd'hui, cependant, rien ne lui était permis. Comme à chaque fois qu'un étranger s'invitait entre ses murs, la famille des Sorcelage ensorcelait le manoir pour qu'il se tienne correctement. Pendant des heures avant l'arrivée de l'intrus, la maîtresse de maison courait dans tous les sens pour dissimuler les potions étranges, les talismans ésotériques et les grimoires anciens qui pourraient trahir l'existence des sorciers. Puis, elle réalisait de simples rituels de restriction, qui enfermaient le manoir dans une puissante prison magique. Dès lors, il ne pouvait plus bouger ni s'exprimer.

— Tu garderas notre secret, disait-elle.

Le manoir n'avait pas d'yeux pour voir ou d'oreilles pour entendre mais, ce jour-là, il avait perçu le remue-ménage qui annonçait l'arrivée d'un invité. Il s'était débattu, avait fait trembler le plancher et dégringoler les bibelots, mais le sortilège avait été lancé. Depuis plus de trois heures, il rêvait donc de claquer les portes, d'ouvrir les robinets et d'éteindre les lumières pour manifester son mécontentement. Au lieu de quoi, il était contraint d'attendre que sa punition soit levée.

Alors il boudait... mais en silence, s'il vous plaît !

Pendant ce temps, les enfants Sorcelage profitaient de la docilité inhabituelle des lieux. Avril Sorcelage dévala les escaliers qui descendaient du grenier de l'aile nord en s'appliquant à faire le plus de bruit possible. C'était bien plus amusant de tambouriner des talons sur les marches quand le manoir ne pouvait pas répliquer. Habituellement, il l'aurait fait tomber à la renverse en soulevant une latte du parquet, mais pas aujourd'hui. Aujourd'hui, pendant quelques heures, elle pouvait l'embêter, l'asticoter et le faire enrager autant qu'elle le voulait.

Et puis, après tout, elle était pressée.

Elle s'agrippa à la rampe pour accélérer et manqua de trébucher en se précipitant dans le virage en épingle. Elle éclaira la volée de marches vermoulues de sa lampe torche et poursuivit sa course sans ralentir. Il n'était que dix-neuf heures mais, dans le dédale de l'aile nord, toutes

les fenêtres étaient barricadées et pas un rayon de lumière ne filtrait entre les planches clouées. Cela faisait des décennies que la famille avait déserté cette partie du manoir, qui tombait peu à peu en ruines, et Avril avait décidé que, cet après-midi, ce serait le terrain de jeu idéal pour elle, son frère et sa meilleure amie. Elle venait de faire une découverte et trépignait à l'idée de la partager avec eux.

Avril avait treize ans, beaucoup de caractère et un carré de boucles auburn jamais bien attachées. Elle avait grandi dans la campagne du Berry, dans une maison trop grande et trop cabossée juchée sur une colline entourée de champs et de marais. Dans le hameau voisin, Grand-Bête, il n'y avait qu'une rue : la Grand-Rue. Elle dessinait une tige qui rebiquait à peine et, tout autour, bourgeonnaient des corps de ferme comme de petites fleurs de muguet. Il n'y avait pas de Poste, pas plus de cinéma et encore moins de ribambelles de boutiques. Autant dire que, en treize ans, Avril avait appris le sens du verbe « s'ennuyer ». Mais heureusement, Avril n'était pas une jeune fille ordinaire : comme toute sa famille, elle avait un secret.

C'était une sorcière.

— Ah ! Te voilà ! s'écria-t-elle.

Elle bondit en bas des marches et braqua le faisceau de sa lampe dans les yeux de son frère. Avril et Octobre Sorcelage n'auraient pas pu être plus différents. Certes, ils avaient les mêmes longues mèches bouclées et le même visage pâle comme la pleine lune mais, là où Avril se montrait énergique et volontaire, Octobre se révélait tranquille et rêveur. Elle se campait fermement dans le sol et arborait un sourire assuré, tandis qu'il semblait errer d'un air absent, contemplant le monde de sous ses paupières lourdes. Elle aimait parler, il savait écouter. Elle n'hésitait pas à se bagarrer, il préférait négocier. Pourtant, ils partageaient la même étrange vérité.

C'étaient des sorciers.

Des sorciers wiccans.

Cela signifiait trois choses :

1 - Ils respectaient les forces de la nature.

2 - Ils étaient dotés de pouvoirs magiques.

3 - Ils avaient interdiction d'en parler avec Nour.

— Nour ? appela Avril.

Sa voix ricocha en de multiples échos.

Nour Achaari n'était pas tout à fait étrangère ici, quoi qu'en pense le manoir. En tant que meilleure amie d'Avril et, par conséquent, d'Octobre, il lui arrivait souvent d'y passer ses après-midi. Aujourd'hui, Avril lui avait proposé de venir pour le goûter après le collège et de dormir là si ses parents étaient d'accord. Après tout, on était vendredi et c'était une nuit de nouvelle lune : le moment parfait pour partir en exploration et faire des découvertes. Or, c'était la première fois que les trois adolescents s'aventuraient dans l'aile condamnée. Elle recelait bien des trésors, mais qui savait quels pièges le manoir pouvait réserver aux visiteurs inconsidérés ?

— Nour ! répéta Avril d'une voix forte.

Elle contourna son frère et la lumière blafarde de sa lampe se déversa dans la pièce. Avec son vieux tapis persan mangé aux mites et sa tapisserie aux fleurs défraîchies, l'ancien hall avait des airs de salle de bal fantôme. Coupé de l'extérieur et plongé dans les ténèbres, il se déclinait en teintes de gris et de noir sous près de cinq mètres de plafond. Les seules décorations qui avaient survécu à son abandon massif, soixante ans auparavant, étaient les arabesques gothiques des rampes et des chandeliers. De part et d'autre de l'imposante cheminée, des portes s'ouvraient sur un véritable labyrinthe de chambres et de salons, tous plus délabrés les uns que les autres.

Nour pouvait se trouver n'importe où.

— Je l'entends, déclara Octobre sur un ton énigmatique.

Avril pivota sur ses talons et fit claquer sa langue.

— Tu sais que tu n'as pas le droit, rétorqua-t-elle.

Pour sa part, elle ne distinguait que le fredonnement sourd du manoir désert. Comme toutes les vieilles maisons, avec sa charpente de bois et ses tuyaux vétustes, aucun sort de restriction ne pouvait l'empêcher de grincer et crisser et craquer. Par contre, pas un seul bruit ne trahissait la présence d'un être humain, hormis les frère et sœur.

Pour l'entendre, Octobre se servait de son pouvoir.

Ce qu'il percevait, c'était l'invisible et l'impalpable.

Le tressaillement fragile d'une aura.

Le chuchotement timide d'une âme.

La danse fébrile d'un cœur battant.

— Nana te l'a interdit, lui rappela Avril.

— Je ne le fais pas exprès ! assura Octobre.

Il leva les mains en signe d'innocence, mais un demi-sourire de diablotin faisait frissonner sa bouche. Depuis sa plus tendre enfance, Octobre souffrait d'une sensibilité à fleur de peau. D'abord, cela avait inquiété ses parents, puis ils avaient compris que cette émotivité résultait de son aptitude très spéciale et très puissante : Octobre, on l'avait appris lorsqu'il n'était encore qu'un bébé, était un empathe. Qu'il le veuille ou non, il ressentait les sentiments des gens qui

l'entouraient. Plus étonnant encore, il était capable de les influencer… chose que sa sœur détestait.

Avril haussa un sourcil, arqué comme une menace, et dévisagea son frère. La lampe d'Octobre drapait le grand hall d'un halo bleuté, qui se répandait sur lui à la manière d'une auréole. Avril n'était pas dupe, elle préférait se méfier. Elle se promit de lui faire la morale lorsqu'ils ne risqueraient plus d'être surpris par Nour. Octobre, de son côté, éprouvait la nervosité grandissante de sa sœur. L'émotion le frappait avec la violence d'une déferlante. Il ralentit son propre rythme cardiaque pour tranquilliser Avril. Elle ne supportait pas qu'il manipule ses sensations, mais c'était pour son bien.

Si elle s'énervait, elle déclencherait un séisme.

— Allons chercher Nour, lui dit-il avec douceur.

Elle acquiesça et il sentit qu'elle se calmait déjà.

Octobre Sorcelage ne craignait pas grand-chose, mais il avait appris à redouter les colères de sa sœur. Lorsqu'elle était enfant, ses caprices provoquaient des tremblements de terre tels que des scientifiques étaient venus analyser le sol de la région. Lors de son premier match de foot, à sept ans, elle avait dû être sortie du terrain par tous les Sorcelage présents, sans quoi l'équipe adverse aurait été engloutie dans un gouffre sans fond. Son impulsivité dégénérait encore parfois mais, heureusement, elle apprenait à maîtriser sa connexion avec les éléments terrestres. En attendant qu'elle la contrôle parfaitement, Octobre avait reçu l'autorisation expresse de l'apaiser.

Évidemment, l'autorisation venait de Nana.

Avril, quant à elle, ne le saurait jamais.

Octobre espérait vraiment qu'elle ne le saurait jamais.

Ils partirent donc à la recherche de Nour sans ajouter un mot. Leurs pas firent chanter la haute voûte qui surplombait le hall et animèrent des nuages de poussière sur le sol. Ils furetèrent et guettèrent et appelèrent, mais pas la moindre trace de Nour.

Du moins, jusqu'à ce qu'une ombre surgisse au détour d'un couloir.

L'ombre avait un visage seulement esquissé par des liserés de lumière argentée. Ils soulignaient les contours de pommettes hautes et d'un nez long et busqué. Dans la lueur spectrale, deux yeux écarquillés s'étonnaient d'avoir trouvé Avril et Octobre.

Nour passa de la surprise au ravissement en une seconde.

— Je vous cherchais ! s'exclama-t-elle, sa torche juste en dessous de son menton.

— Nous aussi, on te cherchait, répondit Octobre.

Le frère et la sœur pointèrent leurs lampes vers leur amie. Elle émergea enfin des ténèbres, avec sa soyeuse chevelure noire ramassée en queue-de-cheval.

— J'ai cru vous entendre parler de ce côté, dit-elle en désignant le couloir derrière elle.

Avril et Octobre fixèrent Nour un instant, puis échangèrent un regard lourd de sens. Chez les Sorcelage, ce n'était un secret pour personne que le manoir était hanté, mais ça, Nour n'était pas censée le savoir. Habituellement, les esprits de la maison ne s'approchaient pas des visiteurs, mais il fallait croire qu'ils avaient dérogé à leur règle. Avril décida qu'il était temps de leur montrer ce qu'elle avait trouvé au grenier.

— Venez avec moi ! s'écria-t-elle.

Elle attrapa Nour par le poignet et l'entraîna après elle.

— Allons parler aux morts.

2
La Ouija

Avril poussa la trappe et grimpa les derniers barreaux de l'échelle.

— On y est ! déclara-t-elle.

Elle se hissa sur le sol du grenier et ses pieds imprimèrent des arabesques dans la poussière du parquet. Autour d'elle se dressaient des formes blêmes, comme des fantômes attrapés par le faisceau tremblotant de sa torche. Il s'agissait en réalité de meubles laissés à l'abandon. Il devait y avoir des armoires et des commodes, des malles et des coffres, des tables, des chaises et tout un tas de décorations douteuses. On les avait recouverts de draps, comme si cela pouvait suffire à les protéger du temps qui passe. Sous les combles plongés dans

l'obscurité, ils avaient tout l'air de créatures venues d'un autre monde. Il suffisait qu'Avril se déplace pour que la lumière de sa lampe dessine des visages grimaçants dans les replis de tissu.

— Vous venez ou pas ? s'impatienta-t-elle.

À ses pieds, une tête brune affleura au ras du plancher.

— Tu es sûre qu'on a le droit ?

La voix de Nour s'éleva faiblement.

Elle gravit un échelon supplémentaire et jeta un œil dans le grenier. L'inquiétude se lisait dans son regard, mais la curiosité l'emporta. Elle s'appuya sur les coudes et finit par s'extraire de l'ouverture. Elle frissonna et se laissa peu à peu séduire par le charme des lieux. C'était la même histoire dès qu'elle mettait les pieds dans le manoir des Sorcelage : d'abord, la bizarrerie de la maison la mettait mal à l'aise ; puis, rapidement, son trouble laissait place à une fascination qu'elle n'arrivait pas à expliquer elle-même. Elle voulait tout voir, tout découvrir, tout comprendre...

Le grenier ne faisait pas exception.

Avril la dévisagea avec un sourire espiègle.

— C'est maintenant que tu te poses la question ?

L'aile nord avait été condamnée pour une raison. Laquelle, Avril et Octobre n'en avaient pas la moindre idée, mais ils s'étaient bien gardés de demander l'autorisation avant de s'y risquer. Ils savaient que Nana leur en aurait interdit l'accès si elle avait su ce qu'ils manigançaient. C'était d'ailleurs ce qui les avait poussés à s'y aventurer.

— Non, mais... balbutia Nour.

Elle sursauta lorsqu'Octobre jaillit à son tour par la trappe.

— Vos parents ne veulent pas qu'on vienne ici, reprit-elle une fois sa frayeur dissipée. Ça, je l'ai bien compris, mais ce que je me demande c'est...

Elle prit une profonde inspiration, mais ses joues chauffèrent.

— ... c'est si on devrait vraiment déranger les esprits.

Heureusement que les combles étaient noyés dans les ténèbres. Même avec sa peau ambrée, Nour Achaari ne réussissait jamais à cacher ses rougissements inopinés. Elle pouvait se féliciter d'être la première de la classe, avec ses notes parfaites en dictée et sa compréhension totale du théorème de Pythagore. Le souci, c'est que dès qu'il fallait prendre la parole devant la classe, son estomac se retournait, sa bouche refusait de s'ouvrir et sa langue se repliait sur elle-même. Elle ne pouvait pas parler à des inconnus sans avoir le trac (même pour acheter du pain) et affirmer son opinion se transformait en véritable calvaire. Alors avouer qu'elle croyait aux esprits et à l'astrologie devant ses amis, c'était la pire des épreuves.

Avril et Octobre n'eurent même pas besoin de se consulter du regard. Grâce à leurs efforts constants, ils n'avaient jamais laissé transparaître leur nature de wiccans devant Nour. Le manoir s'était toujours tenu tranquille en sa présence et les créatures qui le peuplaient avaient su se faire discrètes. Pour le frère et la sœur, cela ne faisait aucun doute : Nour ignorait que de véritables esprits hantaient les lieux. Elle avait honte de croire en la magie parce qu'elle pensait que ses amis se moqueraient d'elle.

Si seulement elle savait…

— Ne t'inquiète pas ! la rassura Avril.

— Ce n'est pas si terrible, ajouta Octobre.

— Et on va bien rigoler, promit encore Avril.

La jeune fille se délesta de son sac à dos et révéla la véritable raison de leur expédition, la raison pour laquelle ils avaient cherché un endroit à l'abri des regards et bravé l'interdit. Il s'agissait d'une fine planche de bois peinte en noir. Des motifs ésotériques en ornaient les quatre coins et encadraient un alphabet ainsi qu'une suite de chiffres. Également gravés dans le bois, on distinguait un « oui », un « non » et un « au revoir ». Le plateau s'accompagnait d'un petit objet ciselé avec la même application. Taillé en forme de goutte d'eau, le curseur était plat et creusé d'un trou circulaire parfaitement net et bien poli.

Certains considéraient cela comme un jeu.

D'autres tremblaient à l'idée de s'en servir.

Tous l'appelaient la Ouija.

La Ouija, comme il était communément admis de le penser, permettait d'invoquer l'esprit des morts et de communiquer avec eux. Lors de séances de spiritisme comme celle-ci, les personnes désirant entrer en contact avec les âmes défuntes se rassemblaient autour du plateau et interrogeaient les disparus. Puisqu'ils n'avaient plus de corps ni de voix – ou, du moins, c'était ce que les humains croyaient –, les fantômes utilisaient la goutte et la déplaçaient sur les lettres afin de former des mots. Pour Avril et Octobre, qui avaient des spectres à la maison et leur parlaient au quotidien, c'était une bonne farce.

Tout ce qu'ils voulaient, c'était faire frissonner Nour.

— Il faut trouver un endroit où s'installer, décréta Avril.

Elle précisa qu'il leur fallait une table ni trop grande, ni trop petite, parce qu'ils devaient pouvoir s'asseoir autour en se tenant par la main. Ils se séparèrent donc à nouveau, chacun armé de sa lampe torche, pour se mettre en quête du meuble parfait. Nour partit de son côté, arpentant le grenier à pas timides et s'imprégnant de l'atmosphère lugubre des lieux. Dès qu'elle osait soulever un drap, des tourbillons de poussière grise menaçaient de la faire suffoquer. Des araignées fuyaient sur son passage quand elle éclairait leurs toiles de dentelle fine. Elle venait de découvrir une série d'animaux empaillés lorsqu'un cri d'émerveillement retentit, suivi de rires.

Nour accourut vers Avril et Octobre, intriguée, et les trouva postés devant un haut miroir. Dans le clair-obscur bleuté, son reflet la laissa sans voix. Son visage semblait flotter dans le vide derrière ses amis, mais elle se reconnaissait à peine. Elle se trouvait aussi livide et hallucinée qu'une revenante. Elle détailla ensuite le cadre ovale de la psyché, avec ses dorures précieuses et ses pieds en pattes de lion, impressionnée par la beauté de l'objet. Elle se demandait de quelle époque il datait. La glace était mouchetée d'étain sur les bords, mais elle n'avait pas d'autres défauts. Nour s'étonnait que ses propriétaires l'aient remisée, au lieu de l'exposer fièrement. Elle fut tirée de ses réflexions lorsqu'Avril la saisit par le poignet pour qu'elle se rapproche.

— On sourit ! s'exclama son amie.

Le malaise de Nour disparut d'un coup et une expression solaire illumina ses traits. Avril avait dégainé son smartphone et les trois adolescents commencèrent à enchaîner différentes pauses, plus loufoques les unes que les autres. Ils prirent une trentaine de photos, qu'ils firent défiler dans la galerie du téléphone en s'esclaffant.

— Je pourrai mettre celle-ci sur Instagram ? demanda Nour.

Avril et Octobre acquiescèrent en riant encore, puis les trois adolescents reprirent leurs recherches dans la bonne humeur. La séance photo avait détendu l'atmosphère et Nour se sentait plus à l'aise. Ils découvrirent bientôt un guéridon et son napperon au crochet, au centre duquel ils déposèrent la planche de Ouija. Ils prirent place sur des chaises dépareillées, cernés par le bric-à-brac branlant du grenier. Autour d'eux s'élevaient la carcasse d'un vieux piano fracassé, la silhouette déguenillée d'un landau d'antan et même une petite boîte à musique à la figurine sans tête. Les adolescents ne prononcèrent pas un mot pendant quelques secondes, non pas à cause du caractère solennel de l'instant, mais pour retenir leurs rires.

— Mettez vos mains comme ça, commanda Avril.

Elle posa ses paumes à plat sur la planche de Ouija, suffisamment proches l'une de l'autre pour que ses pouces se touchent. Octobre l'imita et leurs auriculaires entrèrent en contact. Ils dévisagèrent Nour avec de petits sourires satisfaits, attendant qu'elle s'exécute à son tour. À la lumière des lampes de poche disposées sur la table, leurs orbites étaient caverneuses et leurs traits déformés. Ils paraissaient vraiment diaboliques.

Pourtant, Nour se résolut à collaborer.

Elle joignit ses mains aux leurs avec un air de défi. De cette manière, leurs doigts formaient une étoile à six branches sur le plateau de Ouija.

— À présent, expliqua Octobre d'une voix volontairement rauque, nous formons une chaîne, une chaîne spirite. Concentrez-vous sur les vibrations du grenier, tentez déjà de discerner la présence d'esprits et d'entrer en communion psychique...

Il laissait traîner chaque syllabe, ce qui arracha un sourire à Nour.

— Il faut être détendu ! ajouta Avril en cachant mal son hilarité.

— Mais attentif... rectifia Octobre de son ton faussement mystérieux.

Ils gardèrent la position un moment, sans ajouter un mot, puis le jeune garçon brisa le cercle de leurs mains pour commencer la séance à proprement parler. Chacun à leur tour, ils placèrent l'index et le majeur de leurs mains gauches sur la goutte polie qui attendait au centre du plateau. Nour fixait les lettres de la Ouija avec tant d'intensité qu'elles semblaient danser devant ses yeux. Elle prit une profonde inspiration et attendit, pleine d'appréhension, qu'Octobre entame l'invocation.

— Esprit, es-tu là ? demanda le garçon d'un air sérieux.

Le grenier demeura silencieux.

Sous leurs doigts, la goutte ne se déplaça pas d'un millimètre.

— Esprit ? répéta Octobre, encore plus solennel. Es-tu là ?

— Nous venons en paix, esprit, affirma Avril dans une pâle imitation de son frère. Nous ne voulons pas te déranger, nous avons seulement envie de te parler.

Encore une fois, pas un bruit ne vint troubler le calme des lieux. La tension que ressentait Nour était telle que ses oreilles bourdonnaient, mais c'était tout.

— À ton tour, murmura Avril à l'adresse de son amie.

— N'oubliez pas, précisa alors Octobre à voix basse, de ne jamais lâcher la goutte. Sinon, on risquerait d'ouvrir un passage et de laisser l'esprit s'échapper.

Nour déglutit avec difficulté, mais elle parvint à articuler :

— Esprit... es-tu là ?

Son cœur bondit dans sa poitrine lorsqu'elle sentit la goutte vibrer sous son index. Elle manqua de perdre le contact avec l'objet, mais se ressaisit juste à temps. Ses doigts suivirent son mouvement lent et il les entraîna vers le « oui » gravé de la Ouija.

— Il t'écoute, on dirait, chuchota à nouveau Avril.

Octobre lui donna un coup de coude pour lui intimer le silence et, d'un bref hochement de tête, il intima à Nour de poursuivre l'interrogatoire.

— Euh… comment t'appelles-tu ? demanda donc la jeune fille.

La goutte trembla à nouveau, de manière presque imperceptible, puis se déplaça sur l'alphabet inscrit sur le plateau pour former un prénom : R.E.B.E.C.C.A. Nour n'en croyait pas ses yeux. Toute son attention se focalisait sur le point de contact entre la peau de ses doigts et le bois de la goutte. Elle ne comprenait pas comment un tel phénomène était possible. Elle soupçonna ses amis de faire bouger l'objet intentionnellement, mais ils paraissaient aussi absorbés qu'elle. Elle ne contrôlait plus les battements de son cœur, qui s'affolait et faisait vrombir le sang dans ses tempes. Elle fut prise de vertige et le monde se mit à tourner sans pouvoir s'arrêter.

Elle entrouvrit la bouche, mais un bruit subit l'interrompit.

Un couinement de harpe résonna une seconde avant de s'arrêter. Nour l'avait bien vue : la boîte à musique s'était déclenchée toute seule et la ballerine sans tête avait tourné sur elle-même pendant un instant ! Un sentiment de terreur submergea la jeune fille. Elle se leva d'un coup, paniquée.

En un clin d'œil, elle avait déserté le grenier.

Avril et Octobre s'entre-regardèrent.

— On a peut-être un peu exagéré...

3

Les hôtes

Le samedi matin, on ne parlait plus de la Ouija.

De minces rayons de lumière filtraient à travers les rideaux et le doux soleil d'automne rendait le manoir moins effrayant. La veille au soir, Nour s'était enfuie de l'aile nord sans un regard en arrière. Elle s'était réfugiée dans la chambre d'Avril, avait enfilé le pyjama que son amie lui avait préparé et avait disparu sous la couette en un claquement de doigts. Le changement de décor l'avait rassurée : plus de grands fantômes en draps blancs ni de meubles inquiétants, plus d'animaux empaillés ni de figurines décapitées. Avril et Octobre l'avaient rapidement rejointe et s'étaient à leur tour affalés entre les lourdes tentures du lit à baldaquins, pour discuter avec elle jusque tard dans la soirée. Ils avaient allumé quelques bougies parfumées, aux senteurs réconfortantes de noix de pécan, cookie et chocolat, avaient répondu à des tests de personnalité et avaient tous mis du vernis de manière plus ou moins appliquée.

Ils avaient fini par évoquer l'incident de la boîte à musique.

— C'était vraiment bizarre, non ?

Nour avait laissé échapper sa crainte du bout des lèvres.

— Que la machine se mette à tourner toute seule, comme ça...

— Pas tant que ça, avait déclaré Octobre avec sérénité. Quelqu'un s'en est sans doute débarrassé parce qu'elle était cassée, mais elle devait encore fonctionner.

Ils avaient tous pris un moment pour y réfléchir.

Avril était persuadée que son frère avait raison. Les esprits de la maison pouvaient parfois se montrer rusés et écervelés, mais rarement imprudents. Ils refusaient souvent de se révéler aux wiccans, ce n'était pas pour dévoiler leur existence à une jeune fille étrangère à la sorcellerie ! Par ailleurs, la colline où se perchait le manoir, ainsi que la région qu'il surplombait, étaient protégées par un antique cercle de dorderins. Aucune créature malveillante ne pouvait s'introduire dans l'enceinte magique délimitée par ces pierres levées. Elles formaient une barrière protectrice puissante qui n'avait pas été rompue depuis plus de trois cents ans ! Si des événements paranormaux s'étaient produits, Avril ne pouvait pas les expliquer. Elle préférait donc croire que la boîte à musique s'était déclenchée à cause d'un problème dans le mécanisme.

La fatigue aidant, Nour s'était docilement laissé persuader.

Puis elle s'était endormie sans demander son reste.

À présent, les trois enfants se trouvaient dans la cuisine du manoir, rassemblés autour de la longue table en chêne massif. Leurs pyjamas froissés et leurs cheveux ébouriffés témoignaient de la rudesse du réveil. Ils avaient moins d'énergie qu'une armée de morts-vivants, mais le spectacle arrachait un sourire tendre à Morphose Sorcelage, la grand-tante d'Avril et Octobre. Elle s'affairait avec sa vitalité habituelle, sa longue tresse blanche étincelant dans l'éclat des flammes qui crépitaient dans l'âtre gigantesque. Elle remonta ses petites lunettes rondes cerclées d'or sur son nez et se félicita d'avoir préparé un petit-déjeuner si gargantuesque. Des plateaux de brioche et de croissants faits maison côtoyaient de belles corbeilles de fruits et des carafes entières de jus d'orange pressé, que les adolescents s'étaient empressés de goûter.

— Vous avez bien dormi, les enfants ? demanda la grand-tante.

— Très bien ! Merci beaucoup, Nana, répondit Nour en rosissant légèrement.

— Je voudrais que ce soit comme ça tous les jours ! s'exclama Avril en se resservant de la brioche, qu'elle nappa de confiture à la fraise.

C'est vrai que, d'ordinaire, la table du petit-déjeuner ne ressemblait pas à une photo digne d'un magazine de décoration. Déjà, on n'y servait jamais de viande, ni d'œufs, ni même de lait, car les Sorcelage étaient végétaliens, qu'ils reçoivent des invités ou non. Cela signifiait qu'ils ne mangeaient rien qui soit issu d'un animal. La liste des différences ne s'arrêtait pas là, cependant. D'habitude, ils prenaient des infusions fortifiantes au lieu du jus d'orange et mangeaient d'étranges purées de légumes inconnus au lieu des croissants tout chauds. C'est que Nana Morphose, comme tous les wiccans, croyait à la magie de la planète Terre. Elle était certaine que la Déesse, Mère Nature, subvenait aux besoins de toutes les créatures qui la peuplaient du moment qu'on la traitait avec respect. Aussi refusait-elle que ses petits-neveux se goinfrent de fast-food, dont les ingrédients étaient hautement douteux, et les forçait à ingurgiter des mixtures bizarres.

Ils n'étaient donc pas mécontents de recevoir Nour une fois de temps en temps.

Nana s'apprêtait à faire chauffer de l'eau pour son thé, lorsqu'un bruit suspect s'éleva sans raison. Elle interrompit aussitôt son geste et dit un peu trop fort :

— Et sinon, vos parents ont téléphoné !

Elle fit claquer la bouilloire en fonte sur la table et s'installa précipitamment sur un banc, déplaçant la vaisselle et les couverts dans un fracas retentissant. Avril et Octobre écarquillèrent les yeux. Leur surprise était moins due à l'agitation de Nana Morphose qu'à la rumeur désordonnée qui émanait de l'un des placards. Leur vieille tante faisait son possible pour couvrir le chuchotement furtif qu'on entendait et pour distraire l'attention de Nour, mais le frère et la sœur n'étaient pas dupes.

Un fantôme errait entre les paquets de céréales.

Et ce fantôme n'était autre que leur grand-oncle Obole.

Octobre se racla la gorge pour prêter main-forte à Nana, qui toussota à son tour.

— Ah oui ? fit Avril en haussant la voix.

— Oui, hier soir, expliqua Nana Morphose. Ils voulaient avoir de vos nouvelles. Entre leur travail et le décalage horaire, ce n'est pas facile de trouver un moment.

Tout le monde hocha la tête dans un seul mouvement, même Nour qui mordillait dans sa tartine grillée. Elle savait que les parents de ses amis voyageaient

énormément. Ils avaient tous les deux fait de très longues études et occupaient à présent des postes de chercheurs dans une université obscure dont Nour ne se rappelait jamais le nom. Ils enseignaient des cours aux intitulés incompréhensibles dans des écoles aux quatre coins du monde et ne rentraient que rarement dans le Berry. C'était la raison pour laquelle Avril et Octobre vivaient avec leur grand-tante. Leurs parents téléphonaient au moins une fois par semaine mais, avec la distance, ils devaient parfois appeler en pleine nuit ou à l'aube. Quand Nour y pensait, cela la rendait un peu triste pour ses amis. Son père à elle officiait comme médecin de campagne et partait sur les routes toute la journée, mais au moins il rentrait le soir.

Comme elle ne savait pas quoi dire, elle préféra se taire.

Heureusement pour les Sorcelage, le raffut dans le placard avait cessé.

Ils finirent de manger et, bientôt, un coup de klaxon annonça l'arrivée du père de Nour. La jeune fille bondit sur ses pieds et, avisant l'état de la cuisine, elle s'inquiéta :

— Je ne vous ai même pas aidés à nettoyer !

— Balivernes ! la rassura Nana Morphose. Tu es notre invitée, ce n'est pas à toi de ranger quoi que ce soit. Avril et Octobre vont le faire.

Le garçon acquiesça sans même rechigner tandis qu'Avril croisait les bras, se demandant déjà comment elle réussirait à se défiler. C'est lorsque Nour se tourna vers le porte-manteau pour enfiler son imperméable que la catastrophe se produisit.

D'un coup, un éclair blanc traversa la cuisine.

C'était une bille, pas plus grosse qu'une mirabelle, qui traînait derrière elle un long filament rose comme une queue de rat. Elle roula à toute allure d'un côté à l'autre de la pièce dans un atroce bruit moite et spongieux. Tous les Sorcelage arrêtèrent de respirer en l'apercevant. La bille blanche ralentit sa course une fraction de seconde et pivota sur elle-même, révélant un grand iris bleu percé d'une pupille noire complètement dilatée. Cette créature n'était rien de plus qu'un œil sauvage, sans paupière ni propriétaire.

Il rampait comme bon lui semblait sur le sol en déroulant derrière lui son nerf optique sectionné. Il s'inclina sur le côté, presque étonné de voir les Sorcelage sur le qui-vive, puis s'évanouit entre les bûches sous la cheminée.

Cet œil s'appelait Blurp et ne devait jamais, ô grand jamais, être vu par Nour.

Son apparition n'avait duré que le temps d'un battement de cœur, mais l'effarement et l'appréhension épaissirent aussitôt l'atmosphère. Avril, Octobre et Nana Morphose se tenaient raides : ils retenaient leur souffle en épiant la réaction de leur invitée d'un regard en coin. Nour passa la deuxième manche de son imper et les dévisagea.

Son expression était indéchiffrable.

— Quelque chose ne va pas ? s'enquit-elle.

Les trois wiccans déglutirent avec embarras et secouèrent vigoureusement la tête. Nour haussa les épaules et sortit rejoindre son père dans la cour. Dès qu'ils eurent disparu, les Sorcelage s'effondrèrent dans les vieux canapés en velours du salon.

— C'était moins une ! s'alarma Nana.

— Vous croyez qu'elle l'a vu ? rebondit Avril.

— Je n'ai rien perçu dans son aura, avoua Octobre. Elle ne semblait pas effrayée, ni désorientée.

Nana Morphose haussa les sourcils, un peu hébétée.

C'est ce moment-là que le grand-oncle Obole choisit pour se manifester. Une petite tache grise s'épanouit soudain à la surface de la tapisserie. Elle bourgeonna et forma un nez ectoplasmique qui s'avança dans le salon. À sa suite émergèrent un front bombé, des yeux ridés, des joues creusées, une bouche parcheminée et un menton drôlement barbu. C'est ainsi que le grand-oncle Obole traversa le mur avec un naturel imperturbable. Il flotta d'un air absent et s'épousseta, comme s'il avait pu se salir.

— Désolé pour eul' raffut, articula-t-il avec son accent du Berry. J'étais tranquillement installé dans les céréales et voilà pas que des bestiaux se sont mis à me courser.

— C'est bien beau de t'excuser maintenant, râla Nana Morphose en se campant devant lui, un index menaçant dressé sous son nez. La petite n'est pas idiote, elle sait très bien qu'elle a entendu quelque chose de louche ! Et puis Blurp qui s'y est mis, lui aussi...

Elle laissa tomber son doigt accusateur lorsqu'Obole traversa sa main pour venir se lover contre elle. Depuis son décès, il ne pouvait plus prendre son épouse dans ses bras, alors il se contentait de poser sa joue contre la sienne pour qu'elle ressente la fraîcheur de sa peau ectoplasmique. Nana sourit et ferma les yeux une seconde, avant de se détourner pour claquer des mains. Aussitôt, les volets du salon tambourinèrent dans un vacarme furieux.

— Tiens, commenta simplement Obole. Le manoir est réveillé.

— Tous aux abris, ironisa Octobre.

Le parquet se mit à grogner mais, avant que quiconque ait pu ajouter un mot de plus, une mince flamme bleue apparut tout à coup sur le rebord de la fenêtre.

— Nana ! héla une voix cristalline. Nana !

La vieille femme répondit aussitôt à l'appel et, dès qu'elle ouvrit la vitre, l'être passa entre

les croisillons et se déploya à l'intérieur pour se transformer en garçon pâle.

— Salut la compagnie ! s'exclama-t-il d'un air ravi en passant en revue les membres de la famille Sorcelage. Ça va ? Ça boume ? La pêche ?

Son sourire de créature fantastique irradiait une joie de vivre contagieuse. Avec ses courts cheveux blancs et le bleu surnaturel de ses yeux, il séduisait si facilement son auditoire que personne ne prenait la peine de lui dire que ses expressions étaient démodées depuis des années. Il appartenait à la race des feux follets et son prénom, du moins si la mémoire des Sorcelage ne leur faisait pas défaut, était simplement : H.

Il décocha un clin d'œil ravageur à Nana Morphose.

— Dis-nous donc ce qui t'amène, petit démon, rétorqua-t-elle.

— Ce qui m'amène ? répéta H, déjà amnésique.

— Eh bien ! Tu avais l'air bien soucieux, il y a quelques secondes !

— Oh, mais oui !

Le visage du feu follet s'assombrit aussitôt.

— C'est épouvantable, déclara-t-il. L'un des dorderins a disparu. Le cercle de pierres a été brisé.

4
Le collège

Avril et Octobre déposèrent leurs plateaux sur la table et s'installèrent face à face. Pour l'instant, ils étaient seuls, mais cela n'empêcha pas Avril de vérifier les alentours. Malgré la rumeur sourde qui bourdonnait dans la cantine du collège et qui leur permettait de discuter sans crainte d'être entendus, elle se pencha vers son frère.

— Je n'en reviens pas, murmura-t-elle. Si j'ai bien compris, le cercle de pierres n'avait pas été brisé depuis au moins… trois mille ans !

— Trois cents ans, corrigea Octobre sur le même ton de conspiration, mais c'est vraiment inquiétant, je suis d'accord. Ils ont traqué la pierre disparue tout le week-end, et rien ! De toute façon, les esprits des marais ne nous auraient jamais prévenus si…

— Si ça n'avait pas été absolument catastrophique ?

Les mots s'étranglèrent dans la gorge d'Avril et une légère secousse fit vibrer la carafe d'eau sur la table. Octobre percevait le pic d'anxiété qui électrisait sa sœur et, si elle ne se calmait pas, tous les élèves du collège le sentiraient aussi bientôt.

Il devait l'apaiser avant qu'elle ne provoque un séisme.

— Enfin, déclara-t-il en projetant une onde de douceur autour de lui, un dorderin ne peut pas disparaître comme ça. Une aussi grosse pierre… ajouta-t-il en mimant la hauteur du dolmen. Elle doit forcément se trouver quelque part. Il suffit de la chercher.

— Même les créatures magiques sont incapables de la localiser ! Je ne comprends pas comment c'est possible. Elles sont pourtant connectées à la terre !

Avril recouvrait son calme. Son cœur battait aussi vite que les ailes d'un oisillon affolé, mais il ralentissait peu à peu. Elle baissa ses grands yeux noirs vers l'ensemble de colliers éclectiques qui ornaient son tee-shirt grunge. Elle saisit l'un des pendentifs, un symbole de l'élément terrestre, et le fit tourner entre ses doigts d'un air pensif.

Depuis samedi, lorsque H avait fait irruption dans le salon, elle n'avait pas cessé de penser au cercle protecteur. Le feu follet avait raconté aux Sorcelage comment, dans la nuit de jeudi à vendredi, l'un des dolmens s'était volatilisé. En soi, cela n'avait rien d'inquiétant. Après tout, on ne pouvait pas attendre de pierres magiques qu'elles demeurent au même endroit à longueur de temps. Les dorderins, en tant que créatures surnaturelles, étaient doués de conscience et avaient droit à leur liberté. Du moment qu'ils retrouvaient leur place avant l'aurore, ces voyageurs que l'on appelait des « pierres sottes » à cause de leur opiniâtreté pouvaient se déplacer comme bon leur semblait. Une fois le soleil levé, cependant, c'était une tout autre histoire. Si le menhir n'avait pas regagné son lopin de terre originel avant que les premiers rayons n'apparaissent à l'horizon, il était condamné à errer. Avec un peu d'huile de coude et un brin de sorcellerie, des wiccans pouvaient l'aider et restaurer l'intégrité des cercles magiques, mais encore fallait-il retrouver la trace du dorderin égaré.

Habituellement, les esprits de la nature se chargeaient de cette mission. Leur lien cosmique avec la terre, les plantes et les pierres leur permettait d'établir une connexion immédiate avec le déserteur. Pourtant, cette fois, aucune des créatures vivant dans l'enceinte du cercle n'avait pu déceler l'aura surnaturelle du dolmen en fuite. Or, de mémoire de Sorcelage, cela ne s'était jamais produit. Les pierres sottes avaient toujours été retrouvées et reconduites dans leurs formations – fort heureusement ! Un problème d'ampleur se posait, à présent, car le champ de force qui protégeait toute la région venait d'être altéré. Cela signifiait que toute la Vallée noire, au creux de laquelle se logeaient le village de Saint-Août, le hameau de Grand-Bête et la colline du manoir, était ouverte à n'importe quelle intrusion surnaturelle, qu'elle soit bienveillante ou malveillante.

Avril contempla son plateau et touilla sa purée sans appétit.

— Toute cette magie va finir par épuiser Nana ! s'écria-t-elle.

Octobre lui fit signe de ne pas parler trop fort. Il restait conscient de tout ce qui se passait autour d'eux en dépit du brouhaha ambiant. Il entendait le moindre tintement de fourchette et le moindre raclement de chaise. Il devait demeurer attentif. Son esprit percevait les mouvements et les bruits à dix mètres à la ronde. Cela lui assurait de savoir quand, comment et pourquoi quelqu'un s'approchait de leur table.

Leurs amis risquaient d'arriver d'une seconde à l'autre.

— Je ne sais pas comment elle fait, admit le garçon en se concentrant à nouveau. En même temps, si elle ne palliait pas l'absence de la pierre en puisant dans ses propres forces, qui sait quel esprit malfaisant pourrait nous attaquer ?

— C'est certain qu'il faut colmater la brèche, mais elle ne devrait pas avoir à le faire toute seule. Je ne sais pas quel genre de monstres pourraient pénétrer dans l'enceinte magique, si Nana n'utilisait pas ses pouvoirs, mais je suis sûre que ça doit lui demander une somme d'énergie considérable pour les tenir à l'écart !

— Je sais à quoi tu penses, souffla Octobre.

Avril se redressa sur sa chaise et lui adressa un regard menaçant. Elle croisa les bras sur sa poitrine, comme si cela pouvait suffire à la protéger de son empathie.

— Non, ce n'est pas ce que je voulais dire ! se récria-t-il. Déjà, je suis empathe, pas télépathe : je ne peux pas lire dans tes pensées. Par contre, je te connais, donc je me doute que tu voudrais aider Nana en combinant tes forces aux siennes. Mais tu sais aussi bien que moi que ce serait dangereux. On n'est pas assez entraînés.

— Si seulement d'autres sorciers habitaient dans la...

— Chut ! l'interrompit subitement Octobre. Quelqu'un vient.

— ... donc on devrait prévoir autre chose ! inventa aussitôt Avril, qui ne se laissait jamais prendre au dépourvu. Oh, Faustin ! ajouta-t-elle en feignant la surprise quand elle vit leur ami arriver avec son plateau. Vous êtes sortis en retard, dis donc !

— Ne m'en parle pas, répondit le garçon en déposant son sac à dos à ses pieds. C'est toujours pareil avec madame Lanterneau, elle n'entend pas la sonnerie !

Faustin recoiffa ses boucles crépues d'un geste, puis s'installa à côté d'Octobre. Une seconde après, leurs autres amis les rejoignirent. Bientôt, la table accueillait également Ombeline, une jeune fille à l'opulente chevelure blonde, Sasha, un garçon toujours débordant d'énergie, et Nour, qui semblait drôlement pensive, aujourd'hui.

— Alors, vous avez des idées ? lança Sasha en enfournant une cuillérée de purée. Pour vos déguisements ! précisa-t-il en constatant l'incompréhension d'Avril et Octobre.

— Oui ! s'exclama Faustin, ses yeux sombres étincelants d'excitation. J'ai décidé que cette année, je voulais fabriquer mon costume moi-même !

— Ah oui, soupira Avril, Halloween...

— À propos de ça, déclara Octobre, on a une mauvaise nouvelle.

L'automne défilait à toute allure et tout le collège ne parlait plus que de cela depuis quelques jours : Halloween aurait lieu dans deux semaines. Les enfants Sorcelage avaient promis d'inviter leurs amis au manoir pour l'occasion, car ils savaient que l'endroit était propice aux ambiances effrayantes. Malheureusement, entre le désastre du cercle de pierres et la fatigue que cela causait à Nana Morphose, ils ne pouvaient pas maintenir leur proposition, même si cela leur fendait le cœur.

— Finalement, nos parents ne veulent pas qu'on invite trop de gens à la maison, mentit Octobre pour ne pas parler des soucis surnaturels de la famille.

— On est désolés, ajouta Avril, mais on est obligés d'annuler.

— Oh, non, bouda Ombeline, j'avais tellement hâte de me déguiser !

— Il faut trouver une solution, décida Faustin. Si l'un d'entre nous peut convaincre ses parents de recevoir tout le monde, on pourrait juste aller autre part.

— Ce serait super ! s'enthousiasma Sasha. Je pense que ce serait possible de faire une soirée chez moi, si ça vous dit.

Chacun promit de demander l'autorisation en rentrant le soir même, puis tout le monde commença à débattre pour savoir quel était le meilleur costume d'Halloween. Pour la moitié d'entre eux, on pouvait se déguiser n'importe comment, du moment que l'on ne portait pas une tenue de tous les jours. Pour l'autre moitié, seuls les créatures et personnages d'épouvante étaient autorisés à cette occasion. La seule à ne pas prendre la parole était Nour, qui ne levait pas les yeux de son plateau. Avril remarqua qu'elle picorait les petits pois par deux ou trois et n'avait presque pas touché au reste de son assiette. Elle nota le regard vague et fuyant de son amie, mais se garda bien de lui poser des questions devant les autres. Si Nour voulait discuter d'un problème qui la préoccupait, elle souhaitait sans doute le faire en tête à tête. Quand ils eurent déposé leurs plateaux vides sur le tapis roulant, elle l'entraîna à part sous le préau.

— Hey, Nour, ça ne va pas ? lui demanda-t-elle.

Octobre lui jeta un coup d'œil à la dérobée avant de s'éloigner pour les laisser seules. Les autres n'avaient même pas fait attention, habitués à ce que les deux jeunes filles se tiennent à l'écart pour discuter entre elles. Aux yeux d'Avril, Nour représentait sa plus grande alliée. Avec son tempérament parfois colérique et son look bizarre, la jeune wiccane avait davantage de facilités à rigoler et à se lier avec des garçons, comme Sasha et Faustin. Ombeline était très gentille, mais jamais Avril n'aurait pu se confier à elle comme elle le faisait avec Nour… et, aujourd'hui, sa meilleure amie semblait maussade et distante. Elle la dévisagea et remarqua qu'elle avait l'air fatiguée. Nour esquissa un sourire presque embarrassé et baissa à nouveau les yeux.

— Si, ça va, répondit-elle d'une voix blanche.

Elle joua avec un gravillon perdu de la pointe de sa basket.

— C'est juste que... le week-end n'a pas été reposant.

— Il s'est passé quelque chose de grave, chez toi ? insista Avril. Ou tu parles de la séance de spiritisme ? Je suis désolée si ça t'a empêchée de dormir...

— Un peu, c'est vrai.

Nour mâchouillait l'intérieur de sa joue. C'était un petit tic qu'Avril avait souvent noté chez elle, mais il ne se manifestait que lorsque la jeune fille se sentait prise au piège. La jeune wiccane commençait à se demander s'ils n'avaient pas commis une erreur, en voulant la faire frissonner de cette manière.

Elle était sur le point de parler lorsque Nour l'interrompit :

— Il n'y a pas que ça. Ça m'a fait peur, c'est vrai. Tu sais que... ajouta-t-elle après un silence au cours duquel ses joues s'enflammèrent. Tu sais que je crois aux esprits et à toutes ces choses-là, non ? Je crois qu'il s'est passé un truc, dans le grenier.

Elle avait lâché cette dernière phrase du bout des lèvres.

— Et aussi, ajouta-t-elle avant qu'Avril ait pu démentir, je pense que j'ai vu quelque chose de vraiment très bizarre dans votre cuisine, samedi matin. Au début, je ne voulais pas me faire des idées, mais je n'en ai pas dormi de la nuit. Avril, reprit Nour en soutenant enfin le regard de son amie, on aurait dit un œil... vivant...

Avril ouvrit et ferma la bouche plusieurs fois, hébétée.

— Un œil ? répéta-t-elle timidement.

Elle ne parvenait plus à démêler les émotions qui s'enchevêtraient dans sa poitrine. Il y avait l'appréhension, le doute, mais aussi un espoir fou qui s'accrochait malgré tout : peut-être que c'était un malentendu et que Nour n'avait rien remarqué.

— Enfin... commença-t-elle en essayant d'adopter le ton le plus neutre possible. Tu sais bien que ce n'est pas possible. Ces choses-là, ça n'existe pas.

Dès que les mots franchirent ses lèvres, Avril sut qu'elle n'aurait rien pu dire de pire. Non seulement ce n'était pas la vérité, mais en plus cela sonnait comme si elle se moquait des convictions de sa meilleure amie ! Elle tenta de se rattraper, mais c'était trop tard. Elle balbutiait à peine quelques paroles ridicules quand Nour l'interrompit :

— Tu ne peux pas me mentir, rétorqua-t-elle avec des larmes au coin des yeux. J'ai ressassé tout le week-end et je sais ce que j'ai vu. C'était vraiment dégoûtant !

En désespoir de cause, Avril s'approcha de son amie, qui recula d'un pas.

— Je ne peux pas revenir chez vous, ni traîner avec vous... C'est trop bizarre.

Nour se détourna et Avril fut obligée de la regarder s'éloigner.

Elle demeura immobile, un instant, sous le préau bourdonnant de bruits. Malgré la foule qui se bousculait autour d'elle, elle se sentait plus seule que jamais.

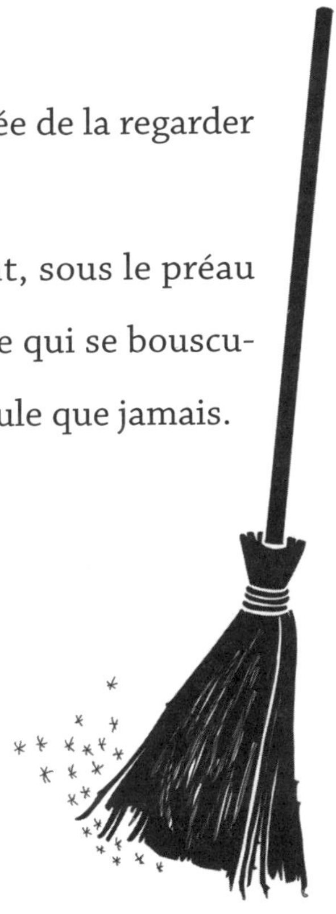

5

Les Traversieux

Dans la lumière déclinante de la fin d'après-midi, le reflet d'Avril se mouvait avec lenteur dans la vitre de l'autocar. La jeune wiccane détailla ses traits, fades et moroses dans ce miroir qui n'en était pas un. Son chignon raté se ramassait de traviole au sommet de son crâne, laissant des boucles retomber le long de son cou comme une averse rousse. Des yeux, elle suivit les accents colériques de ses sourcils broussailleux et la ligne zigzagante de son nez, qu'elle avait trop de fois cassé. Elle avait l'air féroce, voire un peu méchante sous les néons qui éclairaient le bus. Elle avait un vrai visage de sorcière… et les mêmes terribles secrets.

Pas étonnant que sa meilleure amie ait envie de la fuir.

Avril laissa son regard s'égarer le long des banquettes.

Quelques rangées devant elle, elle apercevait les cheveux noirs de Nour. Ils dépassaient de l'appui-tête, couronnés du casque qu'elle avait vissé sur ses oreilles dès que la dernière sonnerie avait retenti. Avril l'avait vue franchir la sortie du collège au pas de course. Quand la jeune wiccane était montée dans le bus pour Saint-Août, son amie s'était déjà installée à côté de quelqu'un d'autre.

Avril baissa les yeux et fit rouler ses pendentifs entre ses doigts.

Lorsque l'autocar s'arrêta, elle descendit le marchepied en essayant de ne pas penser que, derrière elle, au milieu des rires, des cris et des chahuts des autres collégiens, sa plus précieuse alliée cherchait à l'éviter. Quand tous les habitants de Grand-Bête furent sortis, les portes articulées se fermèrent et le moteur ronfla de plus belle en direction de la ville. Quelques adolescents échouèrent sur le banc de l'Abribus, qui se tenait dans l'ombre de la petite chapelle du hameau, mais Nour longeait déjà la Grand-Rue sans un au revoir. Octobre papota un moment avec un groupe de filles, puis fit la bise à tout le monde avant de rejoindre sa sœur. Il leur restait un peu de route à faire à pied pour rentrer. Du haut de la colline, le manoir les narguait avec ses haies d'arbres sombres, ses tourelles biscornues et ses statues monstrueuses.

Octobre remarqua l'attitude déconfite de sa sœur et prit sa main pour la rassurer.

— Ça lui passera, affirma-t-il.

— Je n'en suis pas si sûre, confia-t-elle.

— Mais si, elle va y repenser pendant un moment et puis elle va oublier. Elle n'est pas comme nous, elle ne peut pas croire en des choses qu'elle considère comme anormales.

Avril acquiesça. Elle voulait lui faire confiance.

— J'espère que tu as raison, souffla-t-elle.

Lorsqu'ils montèrent les marches du perron gris, la porte d'entrée refusa de s'ouvrir pendant quelques minutes. Le manoir récalcitrant finit par les accueillir à l'intérieur, où tout avait été remis en place suite au départ de Nour. La cuisine avait retrouvé son allure habituelle, avec les cinq balais de cérémonie accrochés au-dessus de l'âtre, les grimoires empilés un peu partout et les bouquets d'herbes médicinales suspendus au plafond. Nana se tenait devant le petit chaudron familial et remuait les lèvres en silence dans l'atmosphère enfumée. Son invocation muette faisait presque trembler les vitres des fenêtres. L'énergie qu'elle déployait pour combler la brèche du cercle de pierres impressionnait Octobre. Il pouvait presque voir le bouclier doré qui jaillissait d'elle en rayons et dépassait les limites du manoir. Cette aura prodigieuse, cependant, s'accompagnait d'un sentiment de profond épuisement.

Les forces de Nana s'amenuisaient.

Avril et Octobre attendirent que sa prière soit terminée avant de lui parler. Ils l'embrassèrent délicatement, chacun sur une joue, avant de s'installer à la table de la cuisine avec leurs cahiers d'exercices. Au bout d'un moment, elle sortit de sa transe.

— Ah, mes enfants… ! s'exclama-t-elle en repoussant sa longue tresse blanche dans son dos. On n'est pas sortis de l'auberge, je peux vous le dire.

— Comment ça ? demanda Avril.

Le frère et la sœur posèrent leurs stylos, attentifs.

— Comment ça ? Eh bien, regardez-moi ça ! soupira la vieille tante en désignant les grimoires et les rouleaux de parchemin entassés. Presque mille ans de connaissances magiques, là-dedans, et rien ne réussit à m'apprendre comment suivre une pierre sotte à la trace. Et puis je m'abîme les yeux sur leurs pattes de mouche !

Elle remonta ses petites lunettes sur son nez. Son visage, rosi aussi bien par la chaleur de l'âtre que par l'effort surhumain qu'elle fournissait, luisait de sueur.

— Pardon, mes petits, s'excusa-t-elle en épongeant son front avec un mouchoir. Je ne veux pas vous inquiéter. Comment s'est passée votre journée ?

— Ça a été, répondit Octobre.

— Rien de particulier, ajouta Avril.

Elle renifla en s'apercevant qu'elle mentait par habitude.

— Tu es sûre, ma chérie ? insista Nana en la dévisageant.

Avril pesta intérieurement et maudit le sixième sens de sa grand-tante. S'il y avait bien une chose qu'elle redoutait, c'étaient les discussions sérieuses avec les adultes. Ils ne comprenaient jamais complètement ce qu'elle essayait d'exprimer. Parfois c'était à croire qu'ils le faisaient exprès ! Elle n'avait pas envie de parler de Nour.

— Oui, oui, ne t'inquiète pas.

La jeune fille plongea le nez dans son cahier de maths et attrapa son stylo à la va-vite pour griffonner n'importe quoi. Sa vieille tante esquissa un geste vers le banc où elle était assise, puis sembla se raviser et retourna touiller la potion qui mijotait dans le chaudron. De longs rubans de fumée s'en élevaient désormais et embaumaient la pièce. Tout le monde se tut pendant un long moment et le silence s'épaissit. Avril culpabilisa de repousser ainsi Nana Morphose, qui s'inquiétait sincèrement pour elle. Elle réfléchissait à une manière de s'excuser lorsqu'une tête se mit à pousser au beau milieu de la table. La forme translucide de grand-oncle Obole se matérialisa, d'abord son visage barbu, puis le gilet élimé qu'il portait lorsqu'il était mort et enfin la montre qu'il tenait à la main. Il s'interrompit à mi-chemin, son buste comme posé sur la table au niveau de la taille, et embrassa la cuisine de son regard imperturbable.

— Tu n'as pas cessé de t'arrœiller sur ces vieux livres toute la journée, dit-il. Si tu continues comme ça, ce sont ces grimoires qui verront en toi, plutôt que l'inverse.

En entendant sa voix traînante, Nana leva les yeux de sa préparation et réprima un sourire, qui illumina pourtant ses prunelles grises. Elle s'apprêtait à répliquer quand, tout à coup, une ombre passa sur son visage. Elle fronça les sourcils et, subitement, ses jambes se dérobèrent sous elle.

— Nana ! s'écrièrent les enfants.

Avant que quiconque ait pu réagir, un raclement strident résonna dans la cuisine. Avril tomba à la renverse lorsque son banc se cabra pour réceptionner Nana. Grand-oncle Obole se pencha vers elle, l'étreignant avec affolement. Grâce à la vivacité du manoir, qui l'avait empêchée de s'effondrer directement sur le sol, elle n'était pas blessée – seulement affaiblie. Pourtant, Octobre vit les dernières étincelles de sa force psychique s'évanouir. Le garçon fut tout à coup submergé par l'immense fatigue de sa grand-tante, qu'il subit comme la déflagration d'une explosion. Le champ de force qu'elle avait tissé au-delà des murs du manoir s'effilocha, un fil après l'autre, et la toile protectrice se volatilisa. L'énergie dorée de la sorcière se résorba en elle, laissant à présent la brèche du cercle de pierres sans surveillance.

— Ma douce, murmura grand-oncle Obole, voilà pas que tu vas t'abouaquer ! Tu t'es bien surmenée, monte donc dormir un peu.

— Mais... et la pierre sotte ? ! répliqua Nana en se redressant.

Elle avait les yeux embués de fièvre et la sueur perlait sur son visage.

— Arrête donc de te terluster de la sorte, la réprimanda gentiment Obole. Laisse les créatures du crô retrouver la pierre et, nous autres, nous garderons la maison.

Le fantôme conduisit son épouse jusqu'à la chambre à coucher, à l'étage, et veilla à ce qu'elle se repose vraiment. La connaissant, Avril et Octobre s'attendaient à la voir redescendre d'un instant à l'autre, plus dynamique que jamais. Pourtant, ils rangèrent l'autel, nettoyèrent le chaudron et trièrent les grimoires pendant de longues minutes et, quand grand-oncle Obole revint, il était seul. Il les aida à tout remettre en place pour que Nana n'ait pas à s'en soucier lorsqu'elle se réveillerait, ajouta une bûche dans le foyer de la cheminée et jeta un œil aux exercices des deux enfants.

— On doit aider Nana ! déclara Avril en se campant devant son vieil oncle.

Il leva ses yeux translucides du problème de maths et soupira.

— Ma grand foué, admit-il en se laissant choir sur le banc, c'est pas simple, cette affaire. Depuis qu'eul' follet a pointé le bout de son nez, c'est le bazar.

Il tapota le banc pour inviter ses petits-neveux à prendre place à côté de lui. Ils s'exécutèrent de bonne grâce, laissant la possibilité à Obole d'ébouriffer les cheveux d'Avril et de serrer Octobre contre lui. Le garçon rendit son étreinte à son grand-oncle.

— Vous autres, les gamins, déclara le spectre, vous travaillez pour l'école et c'est tout. C'est pas vot' rôle de vous envourner pour cette histoire.

— Mais on ne peut pas la laisser s'épuiser comme ça ! répliqua Avril.

— Ah, ça ! Vot' tante elle tazonne pas, mais c'est pas pour toujours. On va trouver une solution, parole de meneux de nuées.

Obole sourit d'un air rassurant mais rien n'y faisait. Le spectre pouvait bien jurer sur ses pouvoirs de conjurateur d'eau, l'inquiétude demeurait et plus forte que jamais.

— Allons, les p'tiots...

Grand-oncle Obole se tut et écouta attentivement.

— Vous avez entendu ça ?

Avril et Octobre échangèrent un regard, perplexes. Ils n'avaient rien entendu du tout, mais la tension soudaine de leur oncle ne les tranquillisait pas. Le fantôme

se leva et flotta vers la fenêtre de la cuisine, les sourcils froncés et l'air méfiant. Les enfants ne dirent pas un mot et le silence ne fut plus rompu que par les crépitements de l'âtre.

C'est à ce moment précis que toutes les vitres éclatèrent.

Un torrent de verre brisé déferla dans la cuisine et se répandit sur le sol. Par réflexe, Avril et Octobre se jetèrent à couvert sous la table et se protégèrent de leurs bras.

— Par eul' sang Dieu ! jura grand-oncle Obole qui avait échappé de justesse à la déflagration. Sales croûtelevées de traversieux, lunetiers de l'antéchrist !

Son hurlement couvrit à peine le fracas de l'explosion. Bientôt, cependant, il fut accompagné d'autres cris, bien moins humains et bien plus menaçants. Une armée de créatures, pas plus grandes que des pommes de terre et tout aussi difformes, s'introduisit dans la cuisine en marchant sur les bris de verre comme si de rien n'était. Elles piaillaient et vociféraient en détruisant tout ce qui était à portée de leurs petites mains tordues, envoyant la vaisselle sur le sol et les couverts dans les flammes. Quand Avril et Octobre surgirent hors de leur cachette, des miettes de parchemin déchiqueté dégringolaient du ciel comme un nuage de cendres. Les pots à épices tombèrent les uns après les autres et volèrent en éclats multicolores, tandis que les fleurs de Nana Morphose gisaient par terre, piétinées par les petits êtres retors.

— Qu'est-ce que c'est que ça ? s'écria Avril.

— C'est une belle truandaille de traversieux, par tous les saints !

Grand-oncle Obole traversait la cuisine de part en part, piquant vers ses proies comme un rapace. Il ramassait les créatures par poignées pour les jeter par les fenêtres, mais cela ne faisait que les enhardir encore plus. Les traversieux riaient à gorge déployée et gravissaient les murs de pierres pour revenir aussitôt à la charge. Armés du tisonnier et de la pelle de la cheminée, les enfants se défendaient comme

ils le pouvaient face aux vagues d'esprits frappeurs. Les petites dents pointues des créatures mordillaient leurs chaussures et les coutures de leurs vêtements tandis qu'ils essayaient de les repousser. Le manoir, quant à lui, grondait du sol au plafond, mécontent de cette attaque inopinée. Les portes des placards claquaient comme des mâchoires rageuses et les dalles du carrelage se soulevaient avec véhémence.

C'est en voyant le sol se révolter qu'Avril eut une idée.

— De l'eau ! réclama-t-elle à Obole.

Il se tourna vers elle d'un air interloqué, mais elle se concentrait déjà, les yeux fermés. Elle serra ses mains l'une contre l'autre, invoquant toute la puissance dont elle était capable. Partout autour d'elle, le sol vrombit et les traversieux s'abattirent par terre. Quand elle ouvrit les paupières, ses iris étaient devenus jaunes.

— Il va tomber un agat d'iau ! prévint le vieil oncle.

Le robinet et tous les tuyaux de la cuisine gémirent, puis rompirent en même temps. Sur les ordres d'Obole, une trombe d'eau se déversa sur le sol avec la force d'un déluge. Avril choisit cet instant précis pour écarter les mains et une crevasse s'ouvrit devant elle. Tous les traversieux furent pris dans la marée et emportés dans le gouffre. Lorsque leurs hurlements ne leur parvinrent plus qu'en échos, elle referma la faille, s'écroula sur le sol et, vidée de ses forces, perdit connaissance.

Cette fois, c'était certain, le cercle de pierres ne les protégeait plus.

Les feux follets.

feu follet \fø fɔ.lɛ\ masculin

Étymologie et désignations

En français, la locution « feu follet » vient du latin *ignis fatuus* soit : « feu bouffon ». En anglais, on les désigne sous le nom de *will-o'-the-wisp* ou *hinkypunk*.

Description

Les feux follets sont des créatures élémentaires de feu. Aux yeux des humains, ils apparaissent comme des lueurs pâles, le plus souvent bleutées mais parfois jaunes ou rouges. Métamorphes, ils s'incarnent la plupart du temps en petites flammèches flottantes, mais peuvent aussi adopter une forme anthropomorphique. Joueurs, ils aiment attirer les curieux et les entraîner après eux pour les perdre, mais ils sont timides et préfèrent disparaître dès que des inconnus les approchent de trop près.

Habitat

Ils résident de préférence dans les zones d'eaux stagnantes, marais, étangs et marécages. On les trouve aussi dans les cimetières humides, ce qui leur vaut une réputation maligne, voire démoniaque. Pourtant, les feux follets font partie des esprits élémentaires les plus bienveillants envers les humains, en dépit de leurs jeux.

EXPLORER LE SURNATUREL.
GUIDE PRATIQUE DES CRÉATURES,
HERBES ET CRISTAUX
Henrietta et Aloysius Sorcelage, 2010

6

Les dorderins

— Apporte donc l'apouantiau par ici, veux-tu ?

Grand-oncle Obole désigna la petite poupée que les enfants avaient fabriquée avec de la toile de jute et du gros fil. Octobre peigna la chevelure qu'il avait confectionnée à l'aide de brins de laine dépareillés, récitant encore quelques incantations, puis attacha le mannequin sur un piquet et rejoignit le spectre qui flottait près de la grande serre.

— Fiche-le là, ça ira bien.

Octobre s'agenouilla et planta le petit épouvantail dans la terre.

— Comme ça ? demanda-t-il.

— Ma grand foué, ça me semble pas mal.

Obole s'éleva dans les airs pour s'offrir une vision d'ensemble. En surplombant le manoir et son vaste jardin, il distinguait nettement la forme que dessinaient les poupées vues du ciel. Depuis l'attaque massive des traversieux, la veille au soir, Avril et Octobre avaient entrepris de créer ces épouvantails destinés à éloigner les esprits frappeurs. Chacun d'eux avait été façonné selon un rituel ancien : les tissus, consacrés sur l'autel de la Déesse, contenaient des sels noirs de protection ainsi qu'un sigil d'argile magique. Placés tout autour de la propriété, ils formaient un pentagramme, une étoile dont chacune des cinq branches représentait l'un des éléments naturels et qui, lorsqu'elle était utilisée correctement, avait le pouvoir de repousser les créatures mal intentionnées. C'était une mesure d'urgence qui ne tiendrait pas éternellement, mais au moins elle soulagerait Nana Morphose le temps qu'elle prenne du repos.

— Et voilà ! s'exclama Avril. Je crois qu'on a fini.

Elle trottina vers son frère et ils admirèrent leur œuvre avec fierté. Il ne fallait pas oublier que c'étaient eux, Avril et Octobre tout seuls, qui avaient découvert l'existence de ce rituel. Puisque la jeune wiccane s'était évanouie la veille, grand-oncle Obole leur avait permis de manquer l'école aujourd'hui. Nana, qui refusait d'ordinaire qu'ils sèchent les cours, avait même écrit un mot au collège pour les excuser. Le frère et la sœur s'étaient donc installés dans le salon avec leur vieille tante et leur vieil oncle, des piles de grimoires à leurs pieds et des tasses de thé fumantes entre les mains, à l'écart de la cuisine saccagée. Ils avaient passé de longues heures à déchiffrer les recettes de leurs ancêtres et à interpréter les croquis énigmatiques qui les accompagnaient. D'un côté, ils cherchaient un moyen de tenir les créatures malveillantes à l'écart ; de l'autre, ils gardaient un œil sur Nana Morphose et prévenaient ses moindres envies. Si elle voulait une soupe, ils la lui préparaient. Si elle réclamait une couverture, ils la lui procuraient. Quoi qu'elle désire, ils le lui donnaient. Octobre le sentait : elle regagnait des forces.

Malgré tout, l'affaire du dorderin disparu ne cessait de les inquiéter.

Ils avaient protégé le manoir, mais pour combien de temps ?

C'était la raison pour laquelle les enfants Sorcelage s'étaient décidés à agir : ils étaient résolus à retrouver la pierre par leurs propres moyens et s'apprêtaient à sortir en douce le soir même pour remonter sa piste. Ils savaient qu'ils seraient sévèrement punis si leur plan était découvert, mais ils devaient rétablir le cercle protecteur coûte que coûte.

Ils partiraient à la nuit tombée.

Le soleil déclinait déjà.

Il serait bientôt l'heure !

— Tu as trouvé un troisième vélo ? demanda Octobre à sa sœur.

— Affirmatif, mon capitaine.

Un sourire espiègle étira les lèvres d'Avril.

— H n'a pas intérêt à râler !

Octobre et elle sillonnaient souvent la campagne environnante à grands coups de pédales. Dans leur région perdue, c'était la

seule manière de se déplacer sans avoir à se faire conduire par un adulte et, en vérité, c'était l'une de leurs activités préférées lorsqu'il faisait bon. Ce soir-là, pour changer, ils emmenaient H avec eux et ils n'étaient pas certains que le feu follet ait déjà roulé à vélo. Après tout, il pouvait fuser à travers le ciel sous sa forme de flamme bleue sans faire le moindre effort ! Les wiccans ne comprenaient pas bien pourquoi il avait insisté, mais ils avaient décidé de ne pas engager le débat. Avril lui avait donc déniché une bicyclette presque aussi vieille que Nana Morphose et tout aussi coquette. Avec son cadre peint en rose et les pompons brillants qui ornaient son guidon, elle manquait peut-être de discrétion, mais certainement pas d'allure. Avril l'avait retapée et avait regonflé ses pneus avec expertise.

À présent, tout était fin prêt.

L'aventure les attendait !

Ils prirent soin d'attendre que le ciel se marbre de pourpre et d'or pour descendre dans le jardin. Nana

Morphose se prélassait dans un bain, tandis que grand-oncle Obole répétait des pas de tango. Avril et Octobre avaient copieusement dîné avant de se faufiler dehors sans éveiller les soupçons. Ils filèrent en silence jusqu'à l'arrière du manoir.

Une pâle silhouette les attendait près de la serre.

— C'est sensass, ce truc !

Avec ses cheveux blancs et sa peau blême, H se détachait dans le crépuscule. Nimbé d'un étrange halo bleuté, il examinait le vélo rose avec un enthousiasme communicatif. Octobre sourit, conquis par sa joie de vivre, et Avril rigola.

— Est-ce que quelqu'un a déjà dit « sensass » dans l'histoire de l'humanité ? demanda-t-elle d'un air amusé. Pour de vrai ?

— Je ne comprends pas ? déclara H sur le ton d'une question.

Il enfourcha la bicyclette, ravi.

— Tous les jeunes disent ça, finit-il par affirmer de manière péremptoire. Je le sais, je regarde tous les épisodes de *Dawson* chez la vieille madame Perrin.

— Tu rentres chez des humains par effraction ? s'alarma aussitôt Octobre.

— Non, quand même pas ! Je regarde par la fenêtre !

H plaça ses pieds sur les pédales avec engouement et commença à rouler, bombant le torse de fierté. Heureux comme un enfant à qui on offre un bonbon, il fit quelques cercles autour des wiccans, non sans quelques tremblements, avant d'ajouter :

— Et je peux vous dire que tout le monde dit « c'est sensass » !

Avril et Octobre échangèrent un regard.

Aucun d'eux ne savait ce qu'était *Dawson*, mais ce devait être bien plus abominable que n'importe quel film d'horreur. Ils s'installèrent à leur tour sur leurs vélos, attachèrent leurs casques avec un petit cliquetis satisfaisant, puis les trois adolescents disparurent à l'horizon. Une fois passées les grilles sombres qui encerclaient le manoir, il ne leur fallut pas rouler longtemps pour quitter les environs de Grand-Bête. Des kilomètres de champs moissonnés défilèrent de part et d'autre de la

route, seulement éclairés par les dernières lueurs du jour. Bientôt, la lune se lova entre les nuages, mais le mince clin d'œil de son premier croissant ne permettait pas de se repérer. Lorsque le paysage de bocage laissa place à la lande sauvage, les enfants durent allumer les petites lampes de leurs vélos. Ils longèrent rapidement les marais, où pullulaient les créatures nocturnes. Dans les volutes de brume qui s'élevaient des eaux stagnantes, ils reconnurent des feux follets et d'autres esprits. La petite route de campagne les rapprocha aussi de l'orée de bois obscurs et de petites fermes désertes. Quand un carrefour se présentait, H n'hésitait pas une seconde.

Il savait précisément où se rendre.

— Je peux sentir la piste du dorderin jusqu'ici, indiqua-t-il lorsqu'ils arrivèrent au pied d'un menhir. Il est passé par là, mais sa trace s'évanouit au niveau du champ de force.

H, Avril et Octobre laissèrent tomber leurs vélos dans l'herbe et s'approchèrent de la pierre levée. Haute de près de deux mètres, elle arborait des symboles ésotériques gravés avec précision. Plus loin, dans le faisceau de lumière, on distinguait aussi d'autres menhirs et dolmens qui s'élevaient à intervalles réguliers. C'était le cercle qui les avait si longtemps protégés.

— Est-ce que vous avez tenté de le chercher au-delà de la limite ? interrogea Avril.

— Oui, mais l'énergie de la pierre semble s'être éteinte. Aucun d'entre nous ne la ressent plus. C'est comme si… elle n'avait jamais existé !

Avril et Octobre se demandaient comment c'était possible. Personne ne leur avait jamais parlé de pierres sottes disparues. Si l'une d'entre elles ne rentrait pas en temps et en heure, les créatures de la forêt ou des marais retrouvaient sa trace sans difficulté. Ce n'était pas le cas, cette fois-ci : le menhir semblait s'être volatilisé pour de bon.

Cette idée préoccupait Avril plus qu'elle ne voulait l'admettre.

Si les créatures surnaturelles ne parvenaient pas à localiser la pierre, comment

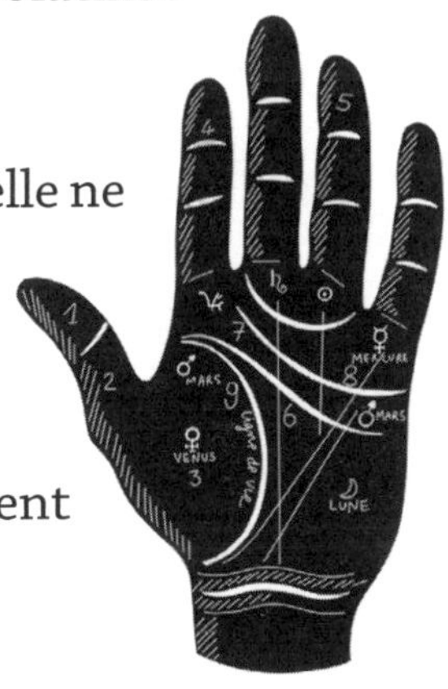

des enfants, tout sorciers qu'ils soient, pouvaient prétendre faire mieux ? Certes, son pouvoir la connectait à la terre, mais elle était humaine. La puissance émanant de ses colliers rassurait la jeune fille dans une certaine mesure. Leur contact lui rappelait la nature de son don. Avril prit une profonde inspiration et, éloignant ses doutes, vint poser la paume de sa main au contact de la roche. Une sensation électrique la parcourut aussitôt et elle sut, à ce moment-là, que le menhir approuvait sa présence.

Il allait l'aider.

— Tu sens quelque chose ? demanda H en passant la main dans ses cheveux blancs. La pierre te… parle ou un truc du genre ?

— Un truc du genre, oui, confirma Avril avec un demi-sourire.

Elle laissa son index vagabonder le long des lignes sinueuses ciselées dans la roche, concentrée sur les flux d'énergie que le menhir émettait. Elle recevait des impulsions, qu'elle devait traduire. Plus qu'un sentiment précis, c'était un instinct.

Elle ferma les yeux et oublia le monde autour d'elle.

Pour Octobre, cet échange relevait du mystère le plus total. Lui qui comprenait les émotions mieux que quiconque, il se révélait à présent complètement désarmé. Il n'avait jamais assisté à un tel spectacle : tout à coup, l'aura d'Avril ne reflétait plus l'inquiétude, la colère, la peur ou même la joie, mais une tension plus... primordiale.

Le garçon observa la scène, fasciné.

De longues minutes défilèrent dans le silence de la nuit.

— Je pense qu'il faut aller par là, déclara finalement Avril en rouvrant les yeux.

Elle désigna une direction, encore submergée par l'énergie de la pierre.

Ils remontèrent sur leurs vélos sans poser de question.

7

Les lavandières

Au cœur de la nuit, trois adolescents grimaçaient.

Leurs soupirs se perdaient dans le silence, loin derrière eux, et ils filaient droit devant en se laissant engloutir par les ténèbres. Ils ne disaient plus rien depuis une bonne demi-heure, trop occupés à pédaler et à souffler et à grommeler. Avril et Octobre adoraient le vélo, mais là c'en était trop. Ils ne s'étaient pas doutés que leur expédition nocturne les emmènerait aussi loin ni qu'ils devraient gravir des collines aussi hautes. Ils ne se plaignaient pas des côtes, qui annonçaient d'emblée la difficulté qu'elles représentaient. Non, ce qu'ils détestaient par-dessus tout, c'étaient les faux plats. Ces petites routes qui serpentaient vers l'horizon en faisant croire qu'elles ne leur causeraient aucun souci... alors que, en réalité, une légère déclivité les transformait en épreuves de force. Quant à H, il regrettait amèrement d'avoir insisté pour faire comme les humains. Il rêvait de pouvoir se mêler à eux pour se balader en ville, aller au cinéma en plein air dans une vieille voiture déglinguée et faire du patin à glace le soir de Noël, parce qu'il adorait les comédies romantiques qu'il regardait par la fenêtre de chez madame Perrin. Pourtant, il ne s'était jamais imaginé à quel point il pouvait s'avérer douloureux d'être un mortel.

Les mortels avaient des crampes et des courbatures.

Rien de tout ça ne lui faisait envie, *a posteriori*.

La prochaine fois qu'ils partiraient en mission, il filerait à travers les airs sous sa forme de feu follet et ne se transformerait en humain qu'une fois sur place !

En attendant, il rongeait son frein.

Il souffrait en silence.

À présent, ce n'était plus lui qui guidait le petit groupe : Avril avait pris la relève et suivait d'instinct la piste de la pierre sotte. Pour H, c'était étrange de ne plus être à la tête des opérations. Il était plus vieux qu'eux d'une bonne centaine d'années, après tout, même si cela ne se remarquait pas au premier abord. Le temps n'affectait pas les feux follets comme les humains, et ses cent douze ans et demi lui donnaient l'air fringant d'un jeune adolescent. Il prenait donc son rôle d'aîné très au sérieux, mais il acceptait tout de même de suivre le don d'Avril parce qu'il savait que c'était la seule chance de retrouver le dorderin perdu et, ainsi, de rétablir le champ de force. Sans quoi, c'étaient des milliers de vies qui étaient menacées : pas seulement celles des Sorcelage, mais de toutes les créatures habitant dans l'enceinte du cercle de pierres. Avril et Octobre avaient fait la connaissance des traversieux, de petits esprits nocifs, mais ce n'était rien en comparaison de ce qui les attendait s'ils ne trouvaient pas une solution rapidement. Démons, goules et garous menaçaient de surgir à tout moment.

Et eux ne se contenteraient pas de briser les pots à épices de Nana Morphose.

C'est pour cela que tout le monde bougonnait mais que personne ne se plaignait.

Leur expédition devait réussir, pour le bien de tous.

Ils suivaient l'ancienne voie romaine et l'aqueduc qui avaient été bâtis du temps des Gaulois, dans l'Antiquité. La route les mena un peu trop au nord au goût d'Avril, ce qui les força à bifurquer vers la Chaussée de César par des chemins de terre plus accidentés. Ils ne s'arrêtèrent que lorsqu'ils atteignirent l'orée de la grande forêt de chênes qui bordait la ville de Châteauroux. Avril et Octobre échangèrent un regard.

— Tu es sûre de toi ? demanda le garçon.

Une obscurité opaque les empêchait de distinguer quoi que ce soit après la première rangée d'arbres. Selon toute probabilité, les ténèbres pouvaient abriter des bêtes dangereuses, qu'il s'agisse d'animaux sauvages ou d'esprits perfides… Comme si cela ne suffisait pas, au bruissement des feuilles et à la rumeur des insectes s'ajoutaient de drôles de chuchotements que les enfants n'arrivaient pas à identifier.

Cela n'avait rien d'engageant.

— Oui, je sens la trace de la pierre, assura Avril malgré tout.

Ils s'enfoncèrent sous le couvert des arbres en marchant à côté de leurs vélos. Il faisait bien trop sombre pour rouler sur ce sentier tortueux et escarpé, et ils ne voulaient pas risquer d'être surpris par un caillou ou une racine traîtres. Avril et Octobre progressaient les yeux grands ouverts, émerveillés par la majesté des arbres centenaires. H s'amusait secrètement de leur ébahissement : il fallait bien être un humain pour être impressionné ou effrayé par la nature. De son côté, les trésors des forêts et des marais représentaient son quotidien. Il décida donc de suivre ses amis de loin pour mieux rigoler à chaque fois qu'il entendrait une exclamation de surprise. Sa nature d'esprit frappeur reprenait le dessus. Comme d'autres démons du feu, de la terre et de l'eau, il souhaitait rire et s'amuser plus que tout au monde, parfois aux dépens des hommes.

Un désir irrépressible grandissait en lui :

il se retenait de nouer les lacets des adolescents pour qu'ils s'emmêlent les pieds et se cassent la figure ! Heureusement, il avait appris à se contrôler et réussissait à ignorer ses pulsions de démon. Au lieu de leur nuire, il faisait son possible pour protéger ses amis wiccans. Grâce à sa vue surnaturelle qui perçait l'obscurité, il les prévenait lorsqu'un obstacle menaçait. Ils arpentèrent ainsi les sentiers sylvestres pendant un long moment, ne parlant que lorsqu'ils remarquaient un détail intrigant ou que leur chemin déviait.

Avril les entraînait vers le nord-ouest.

Ils s'enfonçaient de plus en plus profondément dans la forêt.

Au bout de quelque temps, ils remarquèrent une lueur entre les ramures des arbres.

— On ne devrait pas aller par-là, se méfia Avril. C'est bizarre.

— Mais la pierre ? souligna Octobre. Ce n'est pas le bon chemin ?

— Si… acquiesça-t-elle du bout des lèvres. C'est juste que ça ne me dit rien qui vaille, cette lumière. On fait quoi si c'est un campement de trolls ?

— Ne fais pas ta poule mouillée ! s'exclama H en l'embêtant d'un coup de coude. Je suis sûr que ce n'est pas dangereux, allons voir !

La jeune fille fronça les sourcils et ronchonna de manière inintelligible. Ce n'était pas une froussarde, contrairement à ce que H semblait penser, et elle n'appréciait pas ses sous-entendus. Les deux poings serrés sur le guidon de son vélo, elle se remit donc en marche avec détermination. Son mauvais pressentiment entachait son aura et déteignait sur Octobre, qui finit par partager l'appréhension de sa sœur. Ils progressèrent avec précaution, jusqu'à ce que…

— Ouah ! souffla H.

— C'est trop beau, concéda Avril. C'est quoi ?

Ils accélérèrent, trop curieux pour continuer à faire attention. À quelques mètres d'eux s'élevaient des arbres tels qu'ils n'en avaient jamais vu, même pas H. En dépit des connaissances encyclopédiques qu'ils avaient acquises en parcourant les livres de Nana Morphose, ils ne parvenaient pas à déterminer s'il s'agissait de chênes ou d'une autre essence tout à fait inconnue. Et pour cause : leur écorce disparaissait presque entièrement sous un lichen à l'éclat argenté lumineux. Entre leurs racines, jaillissant d'un petit amas de pierres moussues, une source s'écoulait en suivant les bosses et les creux d'une petite colline. Elle disparaissait parfois pour mieux réapparaître plus loin. Ses eaux timides devenaient de plus en plus impétueuses à mesure qu'elles dégringolaient mais, partout, d'amont en aval, elles se nimbaient d'un halo blanc. Où que porte le regard, une lueur phosphorescente émanait de cette partie de la forêt.

Avril se tenait hébétée, la bouche entrouverte devant la beauté des lieux. H lui-même, pourtant le plus bavard d'entre tous, ne parvenait pas à décrire ce qu'il ressentait. Il était subjugué par la magie qui semblait régner sur ces bois.

— Euh, les amis ? les interpella soudain Octobre.

Il avait murmuré, mais suffisamment fort pour que ce soit alarmant.

Avril détacha les yeux du ruisseau et remarqua enfin ce que son frère pointait du doigt. Au creux de la vallée dessinée par le cours d'eau, là où son lit était le plus large, trois femmes s'affairaient sans un mot. Leurs manches retroussées jusqu'aux coudes, elles plongeaient et replongeaient des linges dans le ruisseau, les rinçaient avec force, les frottaient sur leurs battoirs et les tordaient pour les essorer. Un clapotement furieux accompagnait le moindre de leurs gestes, sûrs et secs, presque précipités, presque déchaînés, presque acharnés. Lorsque les trois adolescents approchèrent, intrigués par ces vieilles dames qui travaillaient aussi tard dans la nuit, ils furent frappés par leur pâleur fantomatique. Qu'il s'agisse de leurs visages, plus ridés que du parchemin, ou de leurs robes élimées et mal raccommodées, tout chez elles semblait plus évanescent que la brume des marais. Elles faisaient peur à voir.

— Non, non, non, murmura Avril en rebroussant chemin.

Dans son chuchotement s'entendait une terreur naissante.

Ce n'était pas normal, quelque chose n'allait pas, il fallait s'éloigner et vite.

— Attends, Avril ! l'interpella Octobre à voix basse.

Il traîna son vélo aussi vite que possible pour la rattraper.

Sa sœur fit volte-face et planta son regard dans le sien.

Il pouvait y lire de l'effroi.

— Tu te rends bien compte que ces femmes sont bizarres, déclara Avril.

— Oui, vraiment bizarres, confessa Octobre, mais ce n'est pas une raison pour abandonner tout de suite ! Qui sait, peut-être qu'elles sont au courant de...

— Au courant de quoi ? l'interrompit sa sœur. Elles ne sont sans doute même pas humaines ! Ce doit être une bande d'esprits frappeurs qui nous ont vu entrer dans la forêt et qui se sont plantés là pour nous attirer.

Elle n'osait pas avouer ce qu'elle craignait réellement.

Elle n'osait même pas le penser.

Qu'arriverait-il si ces ombres les attrapaient ?

— On ne s'approche pas trop, promit Octobre, qui ressentait la terreur d'Avril. On leur demande si elles ont vu passer la pierre sotte, mais au moindre danger on s'en va. Et si elles sont vraiment menaçantes, on n'aura qu'à les contourner. D'accord ?

Il n'eut droit pour toute réponse qu'à une grimace méfiante.

— On ne peut pas partir comme ça, ajouta-t-il en voyant sa résistance flancher. On a fait tout ce chemin, ce serait bête de repartir sans même essayer d'en savoir plus !

Ils revinrent donc sur leurs pas.

H, lui, n'avait pas bougé et les attendait, les bras fermement serrés sur la poitrine et les sourcils froncés. Un éclat bleu brûlait dans ses yeux et il marmonnait dans sa barbe, de manière presque imperceptible : « Ça me dit quelque chose, ça me dit quelque chose… »

Quand Octobre s'approcha des lavandières, Il le retint par le coude et le contraignit à conserver une distance respectueuse. Le garçon hocha la tête, puis observa les vieilles femmes un moment, subjugué par la danse étrange de leurs mains pâles.

— Bonsoir… dit-il sans une once d'assurance dans la voix.

Elles continuèrent de battre leurs draps à coups redoublés. Octobre pensa qu'elles ne l'avaient pas entendu. Malgré les réticences du feu follet, il risqua un pas de plus dans leur direction.

— Bonsoir, répéta-t-il un peu plus fort.

Le clapotement frénétique de l'eau s'arrêta aussitôt.

Les trois lavandières tournèrent vers lui leurs visages de spectres.

C'est à cet instant qu'il réalisa que les tissus qu'elles lavaient avec tant de vigueur n'étaient pas de simples tissus. C'étaient des langes d'enfants où l'on distinguait maintenant, entre les plis, des taches de sang et des lambeaux de peau blême.

Une mélopée funeste s'éleva dans la forêt.

La mélodie s'accompagnait de babillages et de rires de nourrissons.

Les femmes tendirent leurs mains vers lui.

Pétrifié par l'horreur, il serait resté figé si H ne l'avait pas tiré vers l'arrière avec force, entraînant Avril avec eux. Ils s'enfuirent ensemble, tous terrorisés. On entendit leurs hurlements résonner entre les arbres longtemps après qu'ils eurent disparu.

8

Les retrouvailles

À peine eurent-ils posé un pied sur le plancher que la lumière s'alluma.

— Où étiez-vous passés ?

Nana Morphose était campée dans le hall d'entrée, sa tresse blanche emmêlée, sa chemise de nuit défaite et ses poings sur les hanches. Ses yeux rougis trahissaient une inquiétude que la colère peinait à dissimuler. Avril et Octobre ouvrirent la bouche, mais aucun son ne sortit. Ils n'osèrent même pas échanger un regard, comme ils avaient l'habitude de le faire, et préférèrent baisser la tête d'un air penaud. Ils savaient qu'ils avaient commis une grave erreur en sortant ainsi sans prévenir, mais plus que tout ils s'en voulaient d'avoir causé du tracas à leur grand-tante. Soudain, l'horreur de la nuit qu'ils venaient de vivre les submergea.

— On est désolés, Nana, articula Avril en tremblant.

— Vous pensiez qu'on ne remarquerait pas votre absence ? demanda la vieille femme d'une voix subitement radoucie. Partir la nuit, comme ça, pendant qu'on avait le dos tourné ! Vous le savez, en plus, que la région n'est plus sûre...

À présent, c'était l'incompréhension qui se lisait dans ses prunelles grises. Comme si elle prenait tout à coup conscience de son état, elle se recoiffa et prit un air digne.

— Allons, allons, murmura-t-elle, venez donc vous réchauffer.

Dans les minutes qui suivirent, un feu brûlait dans le grand âtre de la cuisine encore un peu sens dessus dessous et des tasses de chocolat chaud fumaient entre leurs mains. Nana s'était enveloppée dans une épaisse robe de chambre. Elle alluma des bougies au parfum apaisant, apporta des friandises à table et s'installa sur l'un des bancs avec ses petits-neveux.

— Votre grand-oncle est parti vous chercher, annonça-t-elle. Nous voulions attendre le matin pour appeler vos parents, vous pouvez vous estimer heureux.

— Oui, Nana, acquiesça Octobre.

— Merci, Nana, ajouta Avril.

Ils plongèrent les yeux dans leurs tasses et sirotèrent en silence. La tiédeur de la cuisine les réconforta peu à peu. Un frisson les parcourait encore de temps en temps, mais ils n'avaient plus aussi froid et ils n'avaient plus aussi peur. Ils savaient qu'ils étaient en sécurité auprès de Nana. Peu à peu, ils reprenaient des forces.

— Maintenant, racontez-moi.

Ils s'exécutèrent.

Ils expliquèrent la raison de leur escapade nocturne, soulignant la culpabilité qu'ils avaient ressentie en voyant leur grand-tante s'affaiblir. Puis, ils décrivirent les champs, les marais et, pour finir, la forêt de Châteauroux, la source et les créatures.

— Oh, mes trésors ! s'écria Nana.

Toute sa colère s'était envolée. Elle caressa les cheveux d'Octobre et le saisit par les épaules pour l'attirer vers elle. Il se pelotonna contre son peignoir molletonné et laissa couler les dernières larmes de la nuit. Le souvenir des lavandières s'accrochait encore à sa mémoire : leurs visages monstrueux, mais aussi les meurtres horribles qui leur avaient valu de laver les langes de leurs victimes pour l'éternité. H, en effet, avait fini par reconnaître la nature de ces femmes infanticides, qui attiraient les enfants perdus dans les bois pour renouveler leurs méfaits. La terreur qu'Octobre avait ressentie ne s'était pas apaisée tant qu'ils avaient roulé dans le noir. Même lui, après une nuit pareille, n'était pas capable de maîtriser ses émotions.

Il se sentait plus fragile et plus démuni que jamais.

— C'est fini, c'est fini, chuchota Nana Morphose en resserrant son étreinte. Vous avez été très courageux, mes petits, mais ça ne doit pas recommencer. Ces créatures sont les plus malveillantes et les plus dangereuses que je connaisse, je ne veux plus jamais que vous les voyiez. Est-ce que nous sommes bien d'accord ?

Avril hocha la tête sans un mot.

— Maintenant, pour ce qui est de la pierre sotte, reprit Nana, je pensais qu'Obole en avait parlé avec vous, qu'il avait été clair à ce sujet. Ce n'est pas votre rôle de vous en inquiéter. Nous allons trouver une solution et vous, vous restez tranquilles.

Elle s'écarta d'Octobre pour sonder son regard.

— C'est bien compris ?

— Oui, Nana, bredouilla-t-il en se frottant les yeux.

— À présent, j'ai une nouvelle qui devrait vous faire plaisir.

Les deux enfants se redressèrent, intrigués.

— Nour est passée au manoir, un peu avant le crépuscule. Elle voulait vous parler.

Cette fois, Avril et Octobre écarquillèrent les yeux.

— Nour est venue ? répéta Avril, incrédule.

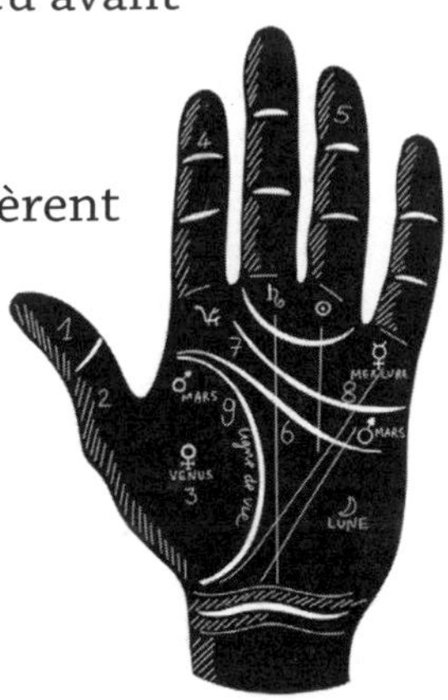

Sa grand-tante sourit.

Elles n'en avaient jamais discuté, Avril avait eu trop honte pour se confier. Pourtant, la vieille femme avait senti que quelque chose n'allait pas. Ses soupçons avaient été confirmés lorsque Nour avait toqué à la porte, se retenant de pleurer. Nana venait de sortir du bain et ne s'était pas encore préoccupée de savoir où étaient ses petits-neveux. Ce n'est qu'en les cherchant à ce moment-là, pour qu'ils se réconcilient avec leur meilleure amie, qu'elle s'était aperçue de leur disparition.

Elle racontait tout cela à Avril et Octobre, mais ils n'écoutaient plus vraiment. Ils ne retenaient qu'une seule information : Nour voulait redevenir leur amie, elle était passée chez eux pour leur parler ! Il ne leur en fallut pas davantage pour se précipiter dans les escaliers sous les protestations du manoir ensommeillé. Ils se ruèrent dans la chambre d'Avril après s'être brossé les dents et mis en pyjama, puis se faufilèrent sous la couette avec leurs portables. Ils se doutaient que Nour ne répondrait pas tout de suite, étant donné qu'il était presque minuit, mais ils s'empressèrent de lui écrire des messages débordant d'excuses.

Avril – Nana nous a dit que tu étais passée au manoir ?

Octobre – On espère que tu vas bien...

Avril – Je suis désolée pour tout.

Octobre – Tu nous manques.

Le frère et la sœur lui envoyèrent une avalanche de cœurs, puis s'enroulèrent dans les couvertures. Ils laissèrent le souvenir des lavandières se dissiper, puis s'effacer progressivement. Leurs têtes dodelinaient et ils étaient sur le point de s'assoupir lorsque leurs téléphones vibrèrent. C'était un message de Nour. Elle avait répondu :

Nour – Vous me manquez aussi.

Les deux enfants sourirent et s'endormirent comme des bienheureux.

Le lendemain, en arrivant au collège, Avril n'avait qu'une envie : prendre sa meilleure amie dans ses bras. Elle n'osa pas faire le premier pas, mais Nour s'en chargea pour elle. Les deux filles échangèrent un milliard de petits mots pendant les cours, tant et si bien qu'elles faillirent être séparées par le professeur de maths. Après la sonnerie de 15 heures, quand il fallut se rendre au gymnase, elles n'avaient toujours pas évoqué le sujet le plus sensible : les phénomènes inquiétants qui s'étaient produits chez les Sorcelage. Avril voulait profiter de leurs retrouvailles sans risquer de tout gâcher. Il faudrait bien un jour ou l'autre revenir sur ce qui s'était produit au manoir, lors de la soirée de spiritisme dans le grenier, mais Avril devait attendre que Nour fasse le premier pas. Alors elle prit son mal en patience et se rendit dans les vestiaires comme si de rien n'était.

— Je déteste le volley ! se lamenta Ombeline en entrant à son tour.

— Moi, j'adore ça, répondit Avril d'une voix qu'elle aurait voulue plus assurée.

— C'est trop violent, je vais encore me prendre un ballon sur la tête.

La jeune wiccane n'osa pas avouer que c'était ce qu'elle aimait le plus, dans ce sport. Non pas se faire frapper par des balles lancées à l'aveuglette, mais l'adrénaline que cela provoquait. Il fallait toujours être sur le qui-vive et, surtout, il fallait faire confiance à ses partenaires. Ce qu'elle préférait par-dessus tout, c'étaient les sports collectifs : elle se sentait toujours mieux au sein d'une équipe que livrée à elle-même. Elle salua les filles de la classe avec qui elle avait l'habitude de jouer et trouva une place libre sur l'un des bancs pour y déposer ses affaires. Quand Nour pénétra elle aussi dans les vestiaires, ce fut comme si la lumière s'était allumée.

Elles se sourirent sans ajouter un mot.

Les autres filles se changèrent rapidement, mais Avril trouva tout un tas d'excuses pour rester assise sur son banc. Elle enfila son tee-shirt de sport à l'envers, fit mine de ne pas retrouver ses chaussettes et feignit de perdre son élastique à cheveux. Nour, de son côté, n'avait pas la réputation d'être rapide comme l'éclair, donc personne ne s'étonna quand il ne resta plus qu'elles deux dans la petite pièce sombre.

— Est-ce que tu aurais envie de venir à la maison, après les cours ? demanda Avril sans préambule. Enfin… si tes parents sont d'accord, évidemment…

Elle se mit à bredouiller mais, heureusement, Nour vint à sa rescousse :

— Ce serait cool, répondit la jeune fille en enfilant son short de volley. Je vais demander à maman, mais je suis sûre qu'elle voudra bien.

Avril hocha la tête, ne sachant pas quoi dire.

Des émotions contradictoires se bousculaient dans sa poitrine.

Le bonheur de retrouver sa meilleure amie se heurtait à une appréhension sourde.

— Mais toi… ajouta Nour dans un murmure, tu ne vas plus me mentir ?

Le cœur d'Avril cogna contre sa cage thoracique.

— Je ne peux pas… articula-t-elle avec peine. Je ne veux pas…

Elle tortilla ses colliers protecteurs entre ses doigts, y cherchant du réconfort et, surtout, le courage d'exprimer ses craintes. Elle savait que Nour ne la jugerait pas.

Du moins, elle l'espérait.

— J'étais obligée, se força-t-elle à expliquer.

Elle vit Nour se mordiller l'intérieur de la joue.

C'était encore plus difficile qu'elle ne l'avait redouté. Elle prit une grande inspiration.

— On n'a jamais eu le droit d'en parler… poursuivit-elle à mi-voix. À personne.

— Tu ne me fais pas confiance ?

— Si, bien sûr ! se récria aussitôt Avril, avant de reprendre dans un chuchotement : Mais tu sais ce que les gens pensent… ce que les gens font aux personnes comme moi. C'est trop risqué de révéler nos… notre… ce qu'on est.

Nour hocha lentement la tête mais, dans ses yeux, la jeune wiccane lisait la peine qui se mêlait à la compréhension. La sorcière s'était imaginé mille scénarios depuis la veille au soir, quand elle avait commencé à penser à sa discussion avec Nour, mais aucun d'entre eux ne se réalisait. Elle s'était focalisée sur leur amitié, mais elle n'avait que très peu réfléchi à la manière de révéler sa véritable nature. L'honnêteté était essentielle, mais le secret qu'elle devait partager ne concernait pas qu'elle. Tant que Nour ne connaissait que l'existence de Blurp et de quelques esprits, Avril pouvait encore protéger sa famille, mais elle ne voulait plus lui dissimuler son identité. Nana Morphose ne serait pas contente et elle allait sans doute la punir, mais Avril avait pris sa décision. Sa meilleure amie méritait de savoir qui elle était vraiment.

— Je vais tout te raconter, affirma-t-elle finalement. Ce soir.

Elle réfléchit un instant et retira ses colliers.

— Enfin… comme tu veux, hein ! Si tu as envie de venir, tu viens, mais si tu te sens mal à l'aise… c'est à toi de décider. Je ne me vexerai jamais, je te le promets.

— D'accord ! se réjouit Nour en attachant sa queue-de-cheval. Et moi, je te promets de ne plus avoir peur pour un oui ou pour un non.

Elle s'approcha d'Avril, qui se leva.

— Je suis curieuse de tout connaître, maintenant, déclara Nour en lui prenant les mains. Je veux découvrir ton univers, tout ce que tu voudras bien me montrer.

— Ça me va. Je suis sûre que tu vas adorer !

— Je n'en doute pas.

Nour esquissa un pas vers le gymnase, mais Avril prétexta avoir oublié sa bouteille dans son sac. Quand elle fut seule, elle se dévisagea dans le miroir au-dessus du lavabo, puis s'aspergea le visage d'eau. Elle avait l'impression d'avoir surmonté une épreuve, son cœur battait encore à tout rompre. Jamais elle n'avait envisagé qu'elle devrait être confrontée à cette situation, mais elle s'en était sortie. Pourtant, elle se sentait toujours aussi bizarre. Son bonheur se teintait d'une mélancolie qu'elle ne parvenait pas à décrire. Dans la glace, sa peau semblait terne et ses traits semblaient tristes. Elle examina ses yeux et crut y déceler une noirceur qu'elle n'avait jamais vue auparavant. C'était comme si une ombre grandissait autour d'elle et à l'intérieur d'elle.

Une ombre que personne d'autre ne voyait.

Elle sortit des vestiaires le cœur lourd.

Elle avait peur d'être avalée par ses propres ténèbres.

9

Halloween

Nour tirait la langue quand elle était concentrée.

Or, ce soir-là, elle était très concentrée. Elle tentait coûte que coûte d'introduire un fil dans le chas de son aiguille, mais ses yeux lui jouaient de drôles de tours. Le monde minutieux de la couture lui faisait voir double, tant et si bien qu'elle passait toujours à côté du trou minuscule. Avril, elle, était plus chanceuse. Son costume de zombie ne nécessitait aucun travail de précision. Elle se contentait de déchirer un tee-shirt et de taillader un jean à grands coups de ciseaux. Cela ne requérait pas de compétences particulières et, en plus, ce serait du meilleur effet à la fête d'Halloween organisée par Sasha le soir même. Nour ne pouvait pas s'empêcher de glisser des coups d'œil dépités vers sa meilleure amie, tout en se maudissant d'avoir choisi un déguisement aussi fin et délicat. Avec son châle brodé de perles et sa jupe à sequins, elle serait la plus fabuleuse des diseuses de bonne aventure, ce soir, mais en attendant il fallait s'appliquer et prendre son mal en patience. Elle avait hâte de l'essayer !

— Qu'est-ce que vous en pensez ? s'écria Octobre en courant jusqu'à la chambre de sa sœur.

Lorsqu'il arriva sur le seuil, il tournoya sur lui-même pour faire tourbillonner ses ailes autour de lui. Il portait un justaucorps vert clair cousu de feuilles, une couronne de fleurs pastel ainsi que des oreilles pointues en silicone. Nour demeura bouche bée quelques secondes tandis qu'il paradait dans son costume d'elfe avec grâce. Le résultat était plus vrai que nature et le mettait en valeur. Il était très beau.

— C'est magnifique ! le complimenta-t-elle.

— Merci, répondit-il en s'inclinant. Il ne me reste plus qu'à réfléchir à mon maquillage. Je pense que je vais dessiner du lierre.

— Bonne idée ! approuva Avril. Et tu n'as pas de strass ? demanda-t-elle après un instant de réflexion. Ce serait encore plus joli sur tes ailes !

Octobre considéra cette possibilité, les yeux écarquillés.

— Pas de strass, non, mais j'ai sûrement des paillettes quelque part !

Il tourna les talons et s'enfuit avec enthousiasme.

Cela faisait presque deux heures qu'ils s'appliquaient à peaufiner leurs costumes. Suite à l'annulation de la soirée chez les enfants Sorcelage, les parents de Sasha avaient accepté de les accueillir. Tout le monde était ravi de se retrouver.

Plus d'une semaine s'était écoulée depuis que Nour et les jeunes sorciers s'étaient réconciliés. Puisqu'Avril l'avait invitée au manoir, le mercredi dans les vestiaires du gymnase,

ils étaient rentrés tous les trois ce soir-là. La colline ne leur avait jamais semblé aussi menaçante. Les wiccans redoutaient la réaction de Nana Morphose mais, surtout, ils se demandaient comment dévoiler leur nature à Nour. Ils n'avaient jamais eu auparavant à s'exposer de la sorte, car ils ne pratiquaient la magie qu'en présence de gens accoutumés au surnaturel. Ils ignoraient quel impact une telle révélation pourrait avoir sur leur amie et son esprit. Ils l'avaient prévenue que le manoir pouvait se montrer capricieux mais, à leur grande surprise, il ne s'était pas manifesté lorsqu'elle avait pénétré sur son territoire. La porte n'avait pas grogné et le parquet ne s'était pas rebellé, ce qui avait paru très suspect aux yeux des jeunes wiccans. Ils avaient vite compris que c'était une ruse, car le manoir avait décidé de jouer les agents doubles : il avait prévenu Nana Morphose avant eux !

— Ce n'est pas possible, les enfants, avait soupiré la vieille femme. C'est trop dangereux de la mettre dans la confidence, pour elle comme pour nous.

— Nana ! avaient objecté les enfants en chœur. C'est notre amie, elle ne dira rien.

— Peut-être pas de son plein gré, mais on ne sait pas ce qui peut arriver.

À force d'argumentation, Nana Morphose et grand-oncle Obole avaient accepté de ne pas recourir à une potion d'oubli dans l'immédiat. Cependant, ils se réservaient la possibilité d'effacer la mémoire de Nour si cela devenait trop risqué.

— Je promets de ne jamais trahir votre secret ! avait juré la jeune fille.

Au cours de la semaine qui avait suivi, elle avait découvert certains mystères de la magie wiccane avec émerveillement. Elle avait rencontré les créatures fantastiques de la maisonnée, notamment H, dont elle avait tout de suite adoré le tempérament drôle et farceur. Avril et Octobre avaient organisé une visite guidée du manoir, qui lui était tout à coup apparu bien différent. Ce qu'elle avait préféré, c'étaient les grimoires de potions magiques de Nana

Morphose, mais aussi la décoration que la vieille tante s'était forcée à retirer à chacune de ses visites. Elle aimait les plantes séchées qui pendaient du plafond, dans la cuisine, et surtout les cartes astronomiques du bureau.

À présent, elle avait l'impression d'avoir toujours connu leur secret. Plus rien ne l'inquiétait, pas même Blurp l'œil sauvage ! Elle était heureuse de pouvoir à nouveau partager des moments avec sa meilleure amie. Rien n'aurait pu lui faire plus plaisir que de confectionner son costume d'Halloween dans sa chambre et de passer la soirée du 31 octobre avec elle. Nour observa Avril tandis qu'elle mettait la touche finale à son maquillage. Elle venait de revêtir sa tenue, qu'elle arborait avec fierté, et s'était campée devant le grand miroir fixé derrière sa porte. Elle peignait son visage de peintures crémeuses, un mélange de blanc, gris et vert pour reproduire la couleur morbide des morts-vivants. Elle traça le contour de ses orbites, qu'elle remplit en noir.

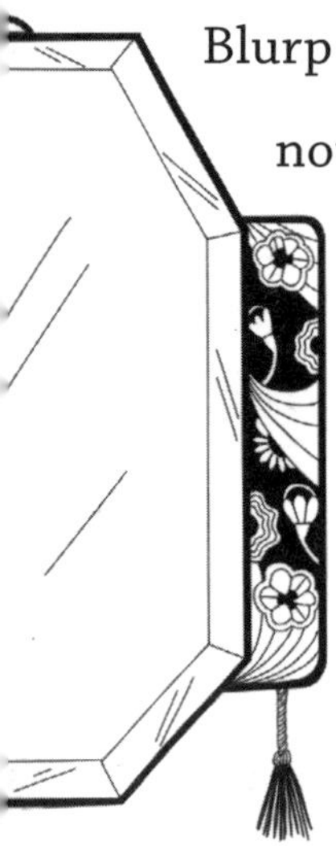

— C'est impressionnant ! commenta Nour, qui se débattait toujours avec les menus détails de son costume. Tu pourrais rajouter du rouge pour faire le sang !

— Oui ! s'exclama Avril, ravie. J'ai un produit fait exprès !

Elle s'empressa de rajouter la substance gluante sur son front.

— Tout le monde va adorer ton déguisement ! prédit Nour en se rapprochant.

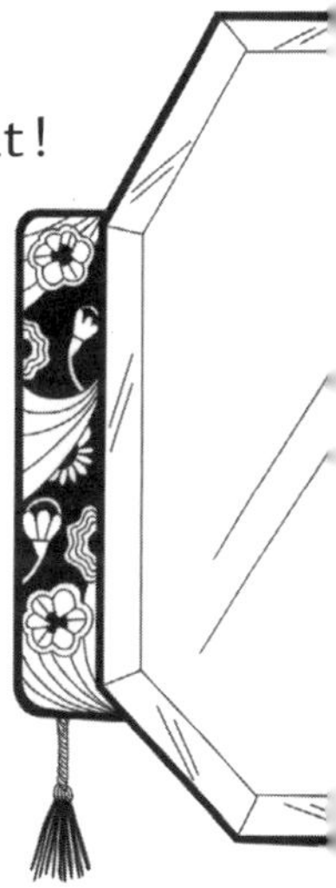

Elle avait enfin revêtu sa tenue de diseuse de bonne aventure. Avec sa longue jupe violette, son châle en velours brodé et son turban brillant, elle rayonnait. Des myriades de colliers et de bracelets tintinnabulaient au rythme de ses pas, tout comme les sequins qui chatoyaient à sa ceinture. À côté d'elle, Avril se trouvait sinistre et inintéressante. Quand elle se regardait dans le miroir, elle avait du mal à se reconnaître. Elle avait l'impression de devenir sombre et triste, en décalage avec elle-même, mais elle fit bonne figure et rendit son sourire à sa meilleure amie.

— Et le tien aussi, répondit-elle. Tu es superbe !

Quelques instants plus tard, Octobre surgissait de sa chambre dans un nuage de paillettes argentées. Il prétexta que c'était de la poussière de fée et dévala les escaliers sous les cris d'effroi de Nana Morphose, qui voyait les particules brillantes s'insinuer partout dans le manoir, des rainures du parquet aux bûches sous l'âtre. Les enfants l'embrassèrent rapidement et disparurent dans la nuit. Ils avaient la permission de 23 heures et monsieur Achaari avait promis de les ramener en voiture mais, comme il faisait encore jour, ils avaient décidé de se rendre chez Sasha à pied.

Lorsqu'ils arrivèrent devant le petit corps de ferme, des citrouilles les accueillirent de leurs sourires tordus. Elles avaient été évidées pour faire office de lanternes et jalonnaient l'allée. Sur le portail et dans l'entrée, des myriades de ballons orange et noir côtoyaient de fausses toiles d'araignées, ainsi que de petits insectes en cure-pipe duveteux. Ils toquèrent et Sasha vint leur ouvrir en souriant. Depuis quelques jours, il se montrait bien moins rieur qu'à l'ordinaire et les enfants s'inquiétaient un peu, mais il semblait retrouver son énergie à l'idée de recevoir tous ses amis. Il les accompagna jusqu'au salon en exposant ses choix de films pour la soirée. Avril, Octobre et Nour l'écoutaient en profitant de chaque détail et en humant les délicieuses odeurs. Toute la maison embaumait le sucre caramélisé et le popcorn. Ils s'installèrent tous les quatre dans le canapé en attendant l'arrivée des autres.

— Vous ne faites pas vraiment peur, souligna Faustin lorsqu'il entra à son tour.

— Parle pour toi ! rétorqua aussitôt Avril.

Elle croisa les bras sur son tee-shirt agonisant.

— Toi, peut-être un peu, concéda Faustin, mais vous…

Avec son costume de diable ensanglanté, il n'était en effet pas très beau à voir. Il s'était peint la peau du visage en rouge et avait appliqué de faux furoncles dégoûtants de son front à son cou. À côté de lui, le déguisement d'Avril semblait gentillet, mais elle refusait de l'avouer. Quant à

Octobre, il n'avait jamais prétendu être terrifiant avec ses ailes pailletées, pas plus que Nour qui se félicitait de sa longue jupe d'Esméralda. Ombeline, elle, avait opté pour un savant mélange entre chat et zombie, tandis que Sasha s'était contenté d'un drap avec deux trous pour les yeux. Il passait son temps à le réajuster devant le miroir du salon, mais ne paraissait jamais convaincu par le résultat final. Et, effectivement, il n'était pas très effrayant.

— On s'en fiche de faire peur ou pas, arbitra-t-il finalement. Le principal, c'est que vous soyez tous arrivés. C'est l'heure de dîner, et après on regarde le premier film !

Ils se mirent à table et découvrirent les merveilleux plats que les parents du garçon avaient préparés avant de partir pour leur soirée. Il y avait des feuilletés en forme de tête de mort, du gratin de pâtes orange comme une citrouille et, en dessert, des panacottas nappées de sauce à la fraise plus rouge que de l'hémoglobine. Les enfants se régalèrent, mais cela ne les empêcha pas de s'empiffrer de bonbons et de popcorn lorsqu'ils s'installèrent devant la télé. Pendant près de

trois heures, la maison ne fut plus habitée que par les cris des morts-vivants. Les six amis riaient aux éclats lorsque les zombies se cassaient la figure, mais Sasha et Nour étouffèrent des gémissements horrifiés à plusieurs moments. Le pire fut quand Faustin prétexta un passage aux toilettes et revint dans le salon en rampant sur le sol. Ombeline hurla de toutes ses forces, avant de courser le garçon dans toute la maison. Il revint avec beaucoup moins de maquillage sur le visage : il s'était effacé là où elle l'avait tapé.

— Argh, se plaignit Avril à la moitié du troisième film. Ça me gratte, ce truc.

Cela faisait déjà dix minutes qu'elle se frottait le visage. Sa peau picotait, les démangeaisons la déconcentraient et elle éprouvait presque une sensation de brûlure autour des yeux.

— Chut, souffla Faustin en enfournant une poignée de popcorn dans sa bouche.

— Tu veux aller te débarbouiller ? proposa Octobre en chuchotant.

— Je crois que je vais être obligée, se lamenta sa sœur.

Elle était déçue de ne pas garder son beau maquillage jusqu'à la fin de la soirée, mais elle ne pouvait plus le supporter. Sasha lui indiqua la salle de bains et elle s'échappa du salon en ronchonnant. Dès qu'elle alluma la lumière, Avril remarqua que le miroir semblait étrangement grisâtre comparé à la faïence qui l'encadrait, d'une blancheur immaculée. Elle nettoya sa peau avec fébrilité, puis se dévisagea pendant un long moment, détaillant les contours irréguliers de son nez et les cernes bleus sous ses yeux. Elle réalisa qu'elle ne se reconnaissait vraiment plus, maquillage de zombie ou non. Ce n'est que lorsqu'elle se pencha vers la glace qu'elle comprit que quelque chose de vraiment bizarre dérangeait son reflet. Une ombre semblait grandir derrière elle mais, quand elle se retournait pour la voir en vrai, il n'y avait rien du tout.

Heureusement, Octobre arriva juste à ce moment-là.

Dans l'ombre du miroir, deux grands yeux blancs venaient de s'ouvrir.

10

La bibliothèque

Avril fronça le nez, puis les sourcils.

Elle sourit de toutes ses dents et fit une grimace.

Elle écarquilla les yeux et décolla ses oreilles en tirant la langue.

Enfin, elle se tint tranquille devant le miroir, les bras ballants. Cela faisait au moins huit jours qu'elle s'inspectait sous toutes les coutures. Quand elle n'était pas au collège ou dehors avec ses amis, elle restait des heures enfermée dans sa chambre, devant la glace. De la soirée d'Halloween chez Sasha, il ne lui restait que des souvenirs embrouillés. Elle se rappelait avoir vu les ténèbres la menacer dans le reflet, la fixer de deux grandes prunelles lumineuses, mais le monstre avait disparu presque aussitôt. Dès qu'Octobre était entré dans la salle de bains pour s'enquérir de l'état de santé de sa sœur, l'ombre s'était évaporée. Elle n'avait pas reparu depuis et Avril cherchait désespérément à comprendre ce qui avait bien pu se produire. Alors elle observait son reflet toute la journée, parfois aussi la nuit lorsque ses pensées obsédantes ne la laissaient pas trouver le sommeil. Elle ne parvenait plus à se concentrer sur ses devoirs et mangeait de moins en moins. Elle n'avait qu'une idée en tête : tenter de reproduire l'étrange phénomène pour en percer le mystère.

— Tu viens ? l'appela soudain son frère. H et Nour ne vont pas tarder !

— J'arrive ! cria-t-elle dans le couloir.

Elle glissa une mèche de ses cheveux auburn derrière son oreille et s'observa une dernière fois, avant d'éteindre la lumière et de quitter sa chambre. Elle dévala les escaliers, contente de voir ses amis, mais non sans un soupir de regret.

Si cela n'avait tenu qu'à elle, elle serait restée à s'analyser toute la journée.

Elle n'en aurait pas le loisir cet après-midi, cependant, car H et Nour seraient au manoir tout le week-end. Dès le soir d'Halloween, Avril et Octobre leur avaient relaté l'horrible apparition dans le miroir. Leurs amis avaient aussitôt proposé de venir les aider. Ils avaient élaboré un stratagème pour retourner chez Sasha et vérifier si sa salle de bains était hantée… mais ils étaient repartis bredouilles. Ils avaient inspecté toutes les glaces du rez-de-chaussée sous les regards inquisiteurs de leur ami, décidément de moins en moins enjoué, mais n'avaient pas détecté la moindre présence surnaturelle. En rentrant, ils étaient découragés, ils n'avaient plus aucune piste à explorer. Il ne restait qu'une seule manière de découvrir la vérité, à présent : consulter les milliers de grimoires que recelait la bibliothèque ancestrale des Sorcelage.

— J'ai retourné le problème dans tous les sens, confia Octobre à sa sœur tandis qu'ils descendaient les escaliers pour rejoindre leurs amis. Je pense que ce doit être un démon mineur ou une sorte d'esprit frappeur...

— Oui, c'est ce que je me dis aussi, confirma Avril d'un air fatigué. Je n'ai pas l'impression que ça puisse être un fantôme.

— Du coup, je me disais... peut-être que tu pourrais essayer de l'invoquer ?

Avril s'arrêta au beau milieu des marches et le dévisagea avec stupeur.

— Tu rigoles ? se récria-t-elle. Ce serait hyper dangereux !

— Pas tant que ça...

Octobre perçut une légère secousse sismique qui fit trembler le sol sous ses pieds. Elle s'accompagnait d'une déferlante d'incrédulité, mêlée de colère et de peur. Il tenta d'émettre des ondes positives et apaisantes, puis prit sa sœur par la main.

— Si je l'invoquais, poursuivit-elle en se laissant entraîner dans les escaliers, qui

sait ce qu'il pourrait me faire ? On sera bien embêtés s'il peut sortir du miroir.

— Je me doute bien, admit-il, mais au moins tu saurais ce que c'est.

H et Nour les attendaient dans la cuisine. Ils ne pouvaient pas discuter de l'affaire du miroir devant Nana Morphose, au risque de l'inquiéter encore plus, donc ils restèrent discrets jusqu'à ce que le moment soit venu de s'éclipser. Ils arpentèrent le labyrinthe du manoir en direction de l'aile ouest.

— Tout ça ne serait jamais arrivé si la pierre n'avait pas disparu, conjectura H quand ils furent certains que personne ne pouvait les entendre.

— C'est certain, acquiesça aussitôt Octobre. Pas un seul esprit malveillant n'a été aperçu dans les environs de Grand-Bête depuis au moins trois cents ans !

— Attends, il était comment ce démon, déjà ? demanda Nour, perdue.

— Je ne saurais pas trop expliquer, avoua Avril. C'était plutôt comme un gros nuage noir. Au début, je n'étais même pas sûre de le voir, mais ses yeux...

Elle réprima un frisson.

— Je ne sais pas d'où il est sorti, reprit-elle. J'ai l'impression qu'il était déjà apparu avant Halloween et pas uniquement chez Sasha. Je pense que je l'ai vu ici et même au collège, mais sans vraiment m'en rendre compte. Comme une sorte de présence.

— Une présence invisible, souffla Octobre.

Ils se turent et le couloir fut seulement peuplé de l'écho de leurs pas. Leur inquiétude ne les empêcha pourtant pas de s'émerveiller devant la splendeur de la bibliothèque. Avril et Octobre, qui connaissaient l'endroit, savourèrent le moment où ils ouvrirent la porte. Nour pénétra dans la pièce avec respect pour ces ouvrages si rares et si anciens, mais aussi un peu de crainte à l'idée de les abîmer. Les hautes fenêtres déversaient une lumière pâle, tamisée par d'épais voilages afin de protéger le papier des rayons du soleil. De fines particules scintillantes dansaient dans les rayons blêmes qui venaient lécher le parquet et les rayonnages. Nour osa à peine avancer à l'intérieur. Elle avait l'impression de pénétrer dans un sanctuaire où elle n'avait pas sa place. Elle détailla le dos de chaque livre des yeux, avide de savoir ce qu'ils renfermaient mais incapable de poser les mains sur ces trésors immémoriaux. Pendant quelques instants, elle se contenta de respirer le parfum doux-amer du parchemin et de la cire.

S'il existait un paradis, elle voulait qu'il ressemble à cet endroit.

Une fois remis de leurs émotions, les quatre adolescents décidèrent de procéder stratégiquement. Ils étaient en quête d'informations sur un être surnaturel pouvant hanter des miroirs. Ils s'appliquèrent donc à choisir des bestiaires, mais aussi des atlas et des livres d'histoire, tout type d'ouvrage pouvant mentionner des créatures.

— C'est joli ! commenta H au bout d'un quart d'heure de lecture.

Il s'était allongé sur le parquet et s'était entouré de piles de documents en tout genre. Il tenait un vieux grimoire racorni et en parcourait les lignes avec intérêt. Du moins, c'est ce que l'on pouvait croire lorsqu'on le voyait de loin. En s'approchant, Nour comprit qu'il l'avait pris à l'envers. Elle le remit dans le bon sens en riant. Elle s'étendit à côté du feu follet pour examiner les croquis avec lui. C'était magnifique. Les crayonnés représentaient des salamandres cracheuses de feu, des coquadrilles aux écailles de pierre et des fadets mutins, dont l'activité préférée était de mettre le bazar chez les êtres humains. Nour n'en croyait pas ses yeux. Elle qui avait toujours rêvé que la sorcellerie existe, elle comprenait à présent que les créatures magiques vivaient cachées. Au fil des heures suivantes, tandis qu'elle tournait les pages, elle éprouva une joie sans commune mesure, mais aussi un pincement au cœur.

Elle ne pouvait s'empêcher de regretter d'être une personne normale.

Si seulement elle avait pu être une sorcière, elle aussi !

Son seul désir était de pouvoir comprendre le secret des étoiles…

— Oh, regardez ça ! s'exclama subitement Octobre après quelques heures de lecture.

Il s'était affalé dans le grand fauteuil en velours près de la fenêtre. Entre ses mains, les pages d'un large grimoire étiraient des lignes manuscrites. Ses amis se précipitèrent vers lui pour voir ce qu'il avait trouvé.

— C'est un livre des ombres, murmura Avril, interdite.

Tous les sorciers wiccans avaient en leur possession ce que l'on appelait communément un « livre des ombres ». Il s'agissait ni plus ni moins d'un journal intime, recensant les activités quotidiennes de son propriétaire, mais aussi et surtout ses réflexions, ses rituels et ses découvertes magiques. Nana Morphose insistait énormément pour qu'Avril et Octobre commencent à rédiger les leurs, mais ils avaient bien trop de devoirs et d'autres projets plus importants. Ils n'avaient pas le temps d'inventer des sorts et de gribouiller des recettes dans un vieux livre !

— Il date du dix-septième siècle, constata Octobre en montrant la page de garde.

L'encre fuyait et s'estompait un peu, mais on pouvait encore lire : 1682.

— Attends… montre ?

H se pencha par-dessus l'accoudoir du fauteuil et scruta les lettres bouclées inscrites au milieu de la page. Malgré une large tache noire, il devina le nom mentionné :

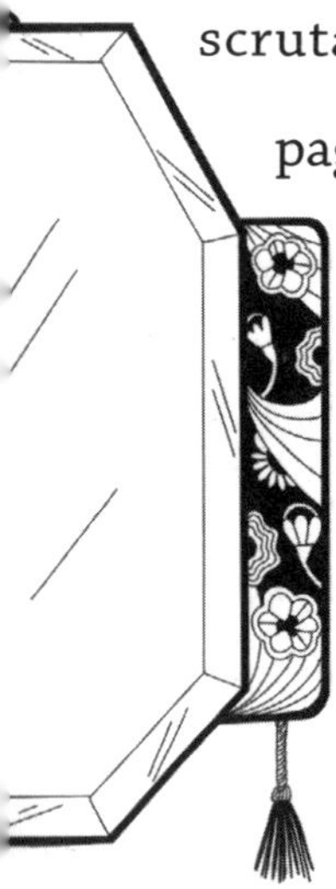

Griselda Sorcelage

— Je connais cette sorcière, déclara-t-il d'un ton pensif.

— Tu la connais ? s'étonna Octobre.

— On sait que tu es vieux, répliqua aussitôt Avril, mais pas à ce point-là !

— Je n'ai pas dû la rencontrer, mais son nom me dit quelque chose.

Le feu follet ne leur avait jamais paru si songeur.

Octobre l'interrogea du regard et H secoua la tête.

— Du coup… ? s'impatienta Avril. C'est ça que tu voulais nous montrer ?

— Non, pas du tout, je n'ai jamais entendu parler de cette femme. Par contre, j'ai trouvé quelque chose de très intrigant !

Méticuleusement, il fit défiler les pages les unes après les autres.

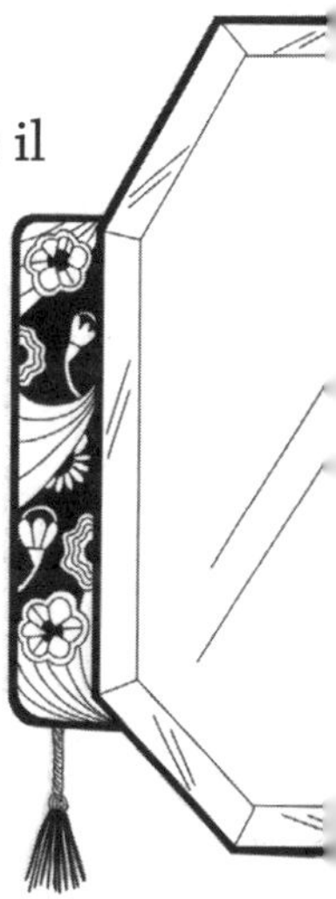

Le grimoire craqua et Octobre grimaça, mais il finit par révéler le dessin qui l'avait interpellé. Il s'agissait d'une esquisse au fusain, qui s'effaçait légèrement. On aurait dit un amoncellement menaçant de nuages noirs mais, au cœur des ténèbres, on devinait deux grands yeux d'un blanc spectral. Des yeux inquiétants de démon.

— C'est ça ! s'écria Avril. C'est ce que j'ai vu dans la glace !

Elle se jeta sur le grimoire, mais Octobre l'écarta à temps. Si elle s'en saisissait trop brusquement, les feuillets risquaient de s'effondrer sur le sol, de se mélanger ou de s'émietter. Avril tendit la main en bougonnant, puis finit par se détendre et s'écroula contre le fauteuil. Son cœur battait à tout rompre, elle était sur le point de découvrir ce qui la hantait depuis des jours, de comprendre ce qui rôdait autour d'elle.

Nour s'accroupit près de son amie et lui prit la main.

— Alors ? dit Avril pour que personne ne remarque qu'elle retenait des larmes. Il y a des informations sur cette créature dans le livre ou pas ?

— Oui, s'empressa de répondre Octobre. Apparemment, Griselda Sorcelage aurait combattu ce démon des reflets et l'aurait enfermé dans un miroir.

— Mais oui ! s'exclama soudain H. Évidemment que je connais son nom, toutes les créatures du Berry le connaissent. C'est l'une des plus puissantes sorcières que le monde des wiccans ait connues. Son combat contre ce monstre est légendaire !

Ils écarquillèrent tous les yeux à tour de rôle.

La même réflexion pointait son nez dans leurs esprits.

— Si ce démon est mythique… se risqua Nour.

— Ça veut dire qu'il est extrêmement puissant, conclut Octobre avec gravité.

— Peut-être, dit H avec l'ombre d'un sourire, mais Griselda Sorcelage l'a vaincu.

Il les dévisagea d'un air curieux.

— Et ce que vous ne savez pas, poursuivit-il, c'est qu'elle vit encore dans ce manoir.

6 mai 1965

Pour les rituels de protection

- **21 cristaux de quartz rose**
- **4 pierres de protection** / purification / équilibre
- **4 cierges blancs**
- **1 kg de sel noir** ?
- **1 sigil** ~~triquetra~~ (n'importe lequel fait l'affaire)

Balayer l'espace sacré pour effrayer les esprits néfastes. Placer les cristaux de quartz en cercle en orientant les pointes vers l'intérieur. Disposer les 4 cierges sur les 4 points cardinaux du cercle. Placer une pierre de tourmaline au nord, une pierre de citrine à l'est, une pierre d'ambre au sud et une pierre de jade à l'ouest. ~~Effectuer le placement dans le sens horaire. Il~~ faut ressentir l'énergie des pierres et visualiser leurs vertus protectrices. En allumant les cierges, intimer aux forces maléfiques de disparaître. On peut observer la fumée des bougies et voir les esprits la suivre.
Si nécessaire, dessiner des barrières protectrices à l'aide du sel consacré. Si la menace vient de l'extérieur, bloquer les entrées, portes, fenêtres ~~et cheminée~~.
Un sigil peut être utilisé.

**Extrait du
Livre des ombres de
Morphose Sorcelage**

III

11
La Matriarche

Les enfants Sorcelage n'étaient jamais allés à la cave.

Ce n'était pas une pièce du manoir où l'on se rendait de son plein gré. En réalité, ce n'était pas une pièce du manoir où l'on se rendait – tout court. Parfois, si Nana Morphose disparaissait pendant quelque temps, Avril et Octobre savaient où elle se trouvait. Les rares fois où c'était arrivé, elle s'était affairée des heures auparavant dans la cuisine, avait préparé des encens rituels, des bougies consacrées, ainsi que des offrandes destinées à ce qui se terrait dans les profondeurs. Curieux, les petits l'avaient observée en cachette. Ils l'avaient suivie dans les dédales de couloirs pour comprendre ce qui la préoccupait autant. Ils s'étaient précipités sur ses traces jusqu'à ce qu'elle mette la main sur la poignée. Nana disparaissait dans les escaliers qui menaient au sous-sol, mais elle prenait soin de bien fermer la porte derrière elle. Les enfants ne manquaient jamais d'entendre le cliquètement de la clé dans la serrure.

On ne dérangeait pas la Matriarche.

Pourtant, ce soir-là, Avril, Octobre, Nour et H étaient bien décidés à la déranger.

Au fil du temps, les jeunes wiccans avaient fini par comprendre que la cave n'abritait pas un monstre, pas tout à fait. C'était en réalité la résidence de cette femme qu'ils n'avaient jamais vue, mais que tous les membres de la famille vénéraient. On parlait d'elle avec déférence, on transmettait ses ordres avec diligence, on murmurait son nom avec révérence : la Matriarche. Pour Avril et Octobre, qui avaient grandi au manoir, elle était bientôt devenue une légende, de la matière dont les contes sont faits, et ils lui avaient inventé mille aventures. Puisqu'ils ne l'avaient jamais croisée, ils s'étaient imaginé qu'elle parcourait le monde pour ne revenir que la nuit sous la forme d'un esprit ou d'un spectre. La découverte qu'ils avaient faite à la bibliothèque venait de chambouler les croyances qu'ils s'étaient forgées depuis leur plus tendre enfance. Aujourd'hui, ils connaissaient enfin son nom : Griselda Sorcelage.

Et ils comptaient aller la voir.

— C'est par là, murmura Avril.

Elle marchait à pas de loup dans le corridor principal, ses amis sur les talons. Dans une main, elle tenait une lampe torche au faisceau vacillant ; dans l'autre, les clés qu'elle venait de chaparder sur la table de la cuisine. Nana Morphose et grand-oncle Obole avaient toujours compté sur la peur pour éloigner les enfants de la cave. Ils ne s'inquiétaient pas de dissimuler le trousseau et le laissaient toujours à portée de main. À présent qu'elle l'avait en sa possession, Avril n'était plus tout à fait certaine de vouloir s'en servir. Les craintes de son enfance étaient tenaces. Elle redoutait de déverrouiller la serrure et de découvrir ce qui se terrait dans les ténèbres du sous-sol. Après plus de trois cents ans, il n'était pas impossible que la Matriarche se soit transformée en créature repoussante et menaçante. Elle avait peut-être été changée en vampire, ou en goule, ou même en une abomination telle qu'elle dépassait l'imagination. Pourtant, ce n'était pas l'apparence de son ancêtre qui effrayait le plus Avril. Plus que tout, en réalité, elle appréhendait d'en savoir davantage sur le démon des reflets.

— Ne t'en fais pas, la rassura Nour lorsqu'elle la vit hésiter à enclencher la poignée de la porte. On va trouver un moyen de te libérer de cette chose.

— J'espère sincèrement que tu as raison, souffla la jeune wiccane.

Sa meilleure amie pressa sa main dans la sienne pour lui donner du courage et, galvanisée, Avril s'engouffra de l'autre côté. Ils descendirent les escaliers le cœur battant la chamade, attentifs au moindre bruit, mais rien ne surgit pour s'interposer.

Ce qui les attendait en bas des marches leur arracha un hoquet de stupeur.

— Qu'est-ce que... ? murmura Avril, abasourdie.

— Que lui est-il arrivé ? demanda Nour à son tour.

La jeune fille plaqua deux mains sur sa bouche, les yeux écarquillés.

— Vous ne saviez pas ? les interrogea H en chuchotant.

— Je crois que… supposa Octobre. Je crois que c'est elle…

Il fut le premier à avancer dans l'obscurité de la cave.

La pièce, du peu que leur en révélait la lueur de leurs torches, s'avérait être presque entièrement vide. Hormis les cierges à moitié fondus sur leurs plateaux dorés, il n'y avait rien ni personne pour habiter l'endroit… à part une femme étrange contre le mur du fond.

Son corps se devinait à la faveur de la faible lumière. On distinguait les contours d'une robe blanche ternie par le temps, d'un long cou blême et d'un visage juvénile. Ses cheveux d'un blond cendré ondulaient sur ses tempes et couronnaient son front de tresses complexes. Plusieurs mèches échappées de sa coiffure venaient balayer son épaule, à l'endroit exact où sa peau blafarde se greffait dans la paroi.

On ne discernait plus ses jambes, non pas à cause de la longueur de ses jupons, mais parce qu'elles semblaient avoir été avalées par le manoir. De même, une seule de ses mains reposait sur sa poitrine, qui se soulevait délicatement à chacune de ses lentes respirations. L'autre disparaissait totalement, engloutie par la charpente.

Griselda Sorcelage n'était ni femme, ni mur.

Elle était un savant mélange des deux.

— Qu'est-ce qu'on fait ? s'alarma Nour.

Personne n'eut le temps de lui répondre.

La seconde d'après, la Matriarche ouvrait les yeux.

— Que voulez-vous ? tonna sa voix.

Ses paroles firent trembler la maison jusque dans ses fondations.

Une fine poussière se mit à pleuvoir du plafond et les enfants se protégèrent du mieux qu'ils le purent. La Matriarche les fixait de ses prunelles noires, complètement noires, sans iris, ni pupille, ni même de blanc autour. Elle les perçait de son regard surnaturel.

— Que voulez-vous ? répéta-t-elle.

— Nous sommes venus vous parler d'un problème, articula Octobre en déglutissant.

— Quelque chose de très grave est en train d'arriver ! s'exclama Avril.

Elle prit son courage à deux mains et vint se planter devant la femme pétrifiée. Elle leva la tête vers elle, tentant de dissimuler son trouble derrière un masque de respect.

— Matriarche, reprit-elle en se rappelant les honneurs qui lui étaient dus, nous sommes les derniers descendants des Sorcelage et nous avons besoin d'aide !

La statue vivante les dévisagea, son expression impassible.

Puis, elle fronça les sourcils et émit un grognement guttural de rocher.

— Eh bien, déclara-t-elle, est-ce que vous m'avez apporté une petite douceur ?

— Une... douceur ?

Les voix des quatre adolescents firent écho à celle de la Matriarche.

Ils s'étaient attendus à tout de sa part, à tout sauf à ça.

— Un petit gâteau, une pâtisserie, n'importe quoi ? s'impatienta Griselda Sorcelage. Vous ne croyez pas qu'on puisse se réveiller tous les deux ou trois ans sans avoir un petit creux, quand même ? Et puis, vous avez besoin de mon aide. Ce ne serait pas bien cher payé, n'est-ce pas ?

Avril et Octobre s'entre-regardèrent. Ils avaient toujours vu Nana préparer des montagnes de nourriture avant de descendre à la cave, mais ils n'avaient même pas pris le temps d'y réfléchir. Évidemment que cette créature semi-divine réclamerait des offrandes, mais ils n'avaient rien à lui proposer en échange de ses conseils...

— Tenez ! se précipita aussitôt Nour.

Elle trottina avec empressement vers la Matriarche, tout en déballant une barre chocolatée. Le paquet chiffonné semblait avoir souffert au fond de sa poche, mais le dessert n'était qu'un tout petit peu écrabouillé. Griselda ne rechigna pas lorsque Nour la lui tendit. La jeune fille l'aida à déshabiller le gâteau de son emballage, puis recula.

— Ce n'est pas trop mal, cette chose… nota pensivement la demi-statue. On a beau dire, le vingt et unième siècle a des défauts, mais quelques qualités tout de même.

Elle mâchonna, ses yeux invraisemblablement noirs perdus dans le vide un moment.

— Alors, qu'est-ce qui vous amène ?

Les enfants se consultèrent du regard et Avril se désigna naturellement pour expliquer ce qui l'affectait tant depuis des jours. Elle se racla la gorge et commença à détailler l'apparition de l'ombre qui semblait la suivre de miroir en miroir.

Quand elle eut fini, elle remarqua que la Matriarche ne mangeait plus.

— Vous vous souvenez de cette créature ? demanda Octobre, soucieux.

— Si je me souviens de cette créature… soupira la Matriarche. Bien sûr que je m'en souviens. Je pensais avoir capturé et enfermé ce démon pour toujours.

— En 1682, hasarda le garçon tandis que les autres retenaient leur souffle.

— Tout à fait. J'ai bien cru que c'en était fait de moi, il s'en est fallu de peu. À l'époque, cette créature du diable avait mis la région à feu et à sang. Nous n'étions pas nombreux à connaître son existence, mais les humains dépourvus de pouvoirs ressentaient son influence néfaste et répondaient à la moindre de ses volontés.

— Ses volontés ? répéta timidement Nour. Vous voulez dire… qu'ils lui obéissaient ?

La stupeur frappa les quatre adolescents.

Aucun d'entre eux n'avait songé à cette possibilité.

— En quelque sorte, oui, répondit la Matriarche avec gravité.

Avril baissa la tête, tout à coup submergée par une angoisse sourde. Le démon pouvait donc contraindre ses victimes à agir selon ses désirs. Les implications de cette révélation étaient vertigineuses et la jeune fille refusait d'y réfléchir.

— C'est un monstre cruel, reprit la femme pétrifiée, car il s'attaque à ce qui est enfoui en chacun de nous. Il ne déclenche pas d'incendies et ne cause pas d'accidents sur les routes, comme d'autres démons, mais s'en prend directement à nos peurs les plus enracinées. Sa force réside dans la haine que les hommes se vouent à eux-mêmes.

Avril fixait ses pieds pendant les explications de la Matriarche. Elle l'écoutait, les yeux écarquillés, avec une fascination morbide. En elle, le désir de comprendre ce qui s'était produit le disputait à l'horreur de la situation. Elle était la cible de choix du démon des miroirs, et pourquoi ? Parce qu'elle était faible, et nulle, et ridicule.

— Il grandit, poursuivit encore Griselda Sorcelage, en se nourrissant des mauvaises pensées que ses victimes s'adressent face à leur reflet. Une fois au faîte de sa puissance, il devient capable de contrôler, non pas une personne ici et là, mais des masses entières. Il peut les espionner, comprendre leurs motivations et leurs désirs les plus secrets, leurs terreurs souterraines, et jouer de ces peurs comme de leviers pour contraindre ses proies.

La jeune wiccane entendait toujours la Matriarche, mais elle ne parvenait plus à se concentrer sur ses paroles.

Dans sa tête, il n'y avait plus de place pour les plans et les stratégies, elle ne pensait qu'à une chose : si le démon pouvait forcer ses victimes à faire ce qu'il voulait, l'avait-il déjà soumise à son influence ?

À qui obéissait-elle, désormais ?

Et surtout, était-elle encore elle-même ?

— En aucun cas, les avertit la Matriarche, ne doit-il regagner la totalité de ses pouvoirs. Il y a trois cents ans, ses exactions ont causé des ravages irrémédiables. Chez les villageois de Grand-Bête, il a réveillé l'aversion pour la sorcellerie. Eux qui venaient trouver les wiccans sur la colline lorsqu'ils avaient besoin d'une guérisseuse ou d'un ensorceleur, eux avec qui nous échangions bienfaits et bienveillance, ils se sont retournés contre nous d'un jour à l'autre. Et alors...

La sorcière sans âge ferma les yeux à ce souvenir.

— Alors, vous savez ce qui en a résulté. Les bûchers de Grand-Bête ont vu brûler plus d'un serviteur de la Déesse. Ils se sont étendus à la région, au pays et, bientôt, ils ont traversé l'océan. Des milliers de sorciers et de sorcières ont péri sur ces feux, à cause de l'ignorance et de la peur, mais la première étincelle est partie d'ici sous l'influence de ce démon. Il n'aime rien mieux que d'assister au chaos qu'il provoque.

Les quatre adolescents ne dirent rien, ils n'osèrent même pas se tourner les uns vers les autres pour trouver du réconfort. Dans leurs esprits, les mêmes images atroces défilaient. Elles étaient rouges et brûlantes comme des fournaises, on y entendait des hurlements de douleur et des sanglots ininterrompus. Ils ne pouvaient pas croire que ce monstre sadique et dévastateur les menaçait à présent d'aussi près.

— Je l'ai mis en cage et, aujourd'hui, il faut redouter ses représailles. Il n'aura de cesse de détruire la lignée de ceux qui l'ont combattu et terrassé.

— Que doit-on faire ? demanda alors Octobre d'une voix presque inaudible.

— Il doit retourner dans sa prison séculaire, ordonna la Matriache. Seul un acte d'une grande vanité a pu l'en tirer. Vous devrez retrouver le miroir doré...

Mais elle n'eut pas le temps d'achever sa phrase. Elle s'interrompit d'un coup, son regard d'un noir de jais traversé par une inquiétude subite. Elle ferma les paupières et, lorsqu'elle frissonna, son tressaillement gagna le manoir, qui s'ébroua d'un mouvement de peur et de rage mêlées. Cette fois, ce furent des débris entiers qui dégringolèrent du plafond, et les quatre enfants durent se réfugier contre la paroi pour se mettre à l'abri.

— C'est bien ce que je craignais, murmura la Matriarche.

Avril et Octobre se prirent la main dans un geste instinctif.

— Il est trop tard.

Ces mots ne pouvaient signifier qu'une seule chose.

La menace se trouvait déjà à leurs portes.

12
Le rituel

Les enfants grimpèrent les marches quatre à quatre.

Depuis les escaliers qui montaient de la cave, ils entendirent Nana :

— Oui, oui, ça va, j'arrive, marmonnait-elle d'un air exaspéré.

Ce ne fut que lorsqu'ils arrivèrent au rez-de-chaussée qu'ils comprirent.

Quelqu'un frappait à la porte du manoir.

Ils se précipitèrent dans le couloir sans même se consulter et se ruèrent vers le hall d'entrée. H fut le plus rapide. Il traversa la pièce à la vitesse de la lumière et vint se poster entre Nana Morphose et les épais battants en chêne massif.

— N'ouvre pas ! s'écrièrent Avril et Octobre en chœur.

La vieille sorcière fut forcée de s'interrompre lorsque le feu follet s'interposa, les bras écartés pour l'empêcher d'atteindre la poignée. Elle pivota, poings sur les hanches, et dévisagea ses petits-neveux avec incompréhension.

— Allons ? s'impatienta-t-elle quand personne ne daigna s'expliquer.

Dehors, le visiteur actionna à nouveau le lourd heurtoir.

— Madame Sorcelage, vous êtes là ? demanda une voix à l'extérieur.

On l'entendait à peine, mais Avril, Octobre et Nour auraient pu la reconnaître entre mille. Ce n'était pas n'importe quelle voix, c'était celle de leur ami Sasha. Les trois enfants échangèrent un regard lourd de sens et, cette fois, Nana fronça les sourcils.

— Quelqu'un va me dire ce qui se passe, oui ou non ?

— On va tout te raconter, promit Avril, mais n'ouvre pas la porte.

— Avril ? Octobre ? appela encore Sasha. Il fait super froid ! Laissez-moi entrer !

Nana secoua la tête en soupirant, consternée.

Elle se tourna à nouveau vers H et lui donna une petite tape pour qu'il s'écarte.

— Arrête, Nana ! supplia Octobre en les rejoignant. Tu ne comprends pas.

Eux-mêmes n'étaient pas certains de comprendre ce qui était en train de se produire. Jamais ils n'auraient cru laisser leur ami tout seul dehors alors qu'ils auraient pu l'inviter à se réchauffer à l'intérieur. Il n'était pas rare que le garçon passe du temps au manoir, pour le goûter ou des soirées télé, mais il ne s'était jamais présenté sans être convié. Avril, Octobre et Nour étaient tentés de le laisser entrer, mais les paroles de la Matriarche les retenaient. Ils ne pouvaient pas croire que leur ami soit victime du démon des miroirs et, pourtant, ils devaient compter sur cette éventualité. Après tout, c'était chez lui que le monstre s'était révélé pour la première fois

et, si Sasha se trouvait réellement sous son contrôle, il ne venait pas en toute amitié.

— Nana, commença Avril, il y a un problème. Depuis que le dorderin a disparu et que le cercle de pierres a été brisé, un démon s'est réveillé et...

— Je sais que vous êtes là ! s'écria soudain Sasha en recommençant à battre la porte. Pourquoi vous ne voulez pas ouvrir, vous avez quelque chose à cacher ?

Ce fut à ce moment-là que d'autres voix se mêlèrent à la sienne :

— Vous ne pourrez pas vous terrer là très longtemps !

— On sait ce que vous êtes.

— Sortez de là et expliquez-vous !

Lentement, Nana recula d'un pas.

Elle ferma les yeux.

De longues secondes s'égrainèrent, au cours desquelles les coups se remirent à pleuvoir sur la porte. On commença également à toquer aux fenêtres, où des visages inquisiteurs et presque menaçants apparurent en transparence derrière les voilages. Le manoir gronda et, d'un coup, tous les volets du rez-de-chaussée se rabattirent.

— Quel genre de démon ? demanda alors Nana d'une voix blanche.

Elle parut subitement encore plus épuisée et son visage, gris de fatigue, perdit ses dernières couleurs. Les enfants se décidèrent enfin à lui dévoiler ce qu'ils avaient appris, n'omettant aucun détail sur les pouvoirs du démon, la manière dont il pouvait se déplacer de miroir en miroir et la menace qu'il faisait peser sur la famille de sorciers qui l'avait un jour mis en cage. Nana comprit immédiatement que Sasha et tous les habitants de Grand-Bête s'étaient rendus aux portes du manoir par la volonté de la créature. Ils n'étaient plus que des pions au service de sa vengeance.

— Maudit soit-il, grogna-t-elle une fois qu'ils lui eurent tout expliqué. Et dire qu'Obole a dû partir nous faire tailler un nouveau dorderin...

Elle soupira, avant de tempêter vers la cuisine.

— Allons, ne restez pas plantés là, tonna-t-elle en marchant d'un pas décidé. J'ignore comment ce démon est arrivé ici mais, moi vivante, il ne fera pas entrer ses suppôts chez nous. Venez avec moi, il va falloir renforcer les défenses du manoir... et vite !

Nana avait déjà quitté le grand hall, les quatre adolescents sur ses talons. Ils la suivirent au pas de course et l'aidèrent à dégager un vaste espace devant l'âtre de la cuisine. Les wiccans fouillèrent les placards et rassemblèrent rapidement de quoi préparer un rituel de protection puissant. Ils devaient repousser les assaillants qui continuaient de frapper les portes et les volets avec force. Sous le regard abasourdi de Nour, qui découvrait l'envers du décor pour la première fois, Avril et Octobre recouvrirent la table de la cuisine de cierges, de cristaux et de bocaux divers.

— Aidez-moi à créer un pentagramme, leur intima Nana, le nez dans un grimoire.

— Un pentagramme ? répéta Nour, perdue.

Elle voulait aider ses amis, mais elle ne comprenait plus rien. Les hurlements au-dehors s'amplifiaient de minute en minute et le manoir renâclait et grondait. La jeune fille voulait prêter main-forte contre les envahisseurs, mais elle ne savait pas quoi faire ni où aller. La peur la paralysait aussi un peu. Des larmes lui brûlaient les yeux.

— On va te montrer, la rassura aussitôt Octobre.

Il lui saisit la main et, d'instinct, émit une onde apaisante.

Il s'efforçait de conserver une expression impassible et un ton optimiste mais, en vérité, il était éreinté. Des déferlantes d'émotions le submergeaient. Il ressentait la peur de ses compagnons, mais aussi la rage grandissante des villageois qui s'écrasaient contre la façade de la maison. Pourtant, il entraîna son amie après lui et, ensemble, ils commencèrent à allumer des cierges pour les disposer en cercle sur le sol. Pendant ce temps, Avril et H se dépêchaient de répandre le sel de protection. À l'aide de cette poudre aux reflets gris et rose, ils tracèrent des lignes devant chaque fenêtre et chaque porte du rez-de-chaussée assailli. Quand toutes les entrées furent protégées, ils complétèrent le cercle de cierges en les reliant d'un mince trait de sel, avant de dessiner une étoile à cinq branches en son centre.

— Dépêchez-vous, les enfants ! clama Nana Morphose. Les résistances du manoir ne vont pas tenir longtemps sans notre aide !

Ils se pressèrent encore plus, affolés par les hurlements et par l'avertissement de la vieille femme. Avril traça une dernière ligne pour fermer l'étoile, puis ils vérifièrent que toutes les pointes étaient en contact avec le cercle de cierges. Une fois le dessin terminé, le pentagramme fut traversé d'un éclat presque imperceptible.

— Viens, proposa Octobre en guidant Nour vers le motif.

— Mais ? s'alarma-t-elle aussitôt. Je ne sais pas faire !

— Il n'y a rien à faire, rétorqua aussitôt Nana en se positionnant sur la pointe de l'étoile la plus proche de l'âtre.

Nous allons simplement réciter une incantation.

— On va la prononcer une fois tous les quatre, précisa Avril. Après, on le fera tous ensemble. D'accord ?

Elle prit place à son tour sur l'une des autres pointes, puis Octobre et H l'imitèrent, ainsi que Nour. Son cœur s'affolait dans sa poitrine, mais elle ne protesta pas. Elle devait aider ses amis et elle voulait leur faire confiance. Alors, quand Nana Morphose, ses petits-neveux et le feu follet se donnèrent la main pour créer une ronde, la jeune fille se joignit à eux sans rechigner.

— Notre demeure est protégée, récita la vieille femme les yeux fermés. Esprits néfastes, personnes malveillantes, vous êtes bannis de ce lieu. Qu'il en soit ainsi.

— Notre demeure est protégée, psalmodièrent les autres en chœur. Esprits néfastes, personnes malveillantes, vous êtes bannis de ce lieu. Qu'il en soit ainsi.

Nour sentit les fondations du manoir vibrer.

Le cœur au bord des lèvres, elle pressa ses paupières.

— Notre demeure est protégée, murmura-t-elle à la troisième incantation. Esprits néfastes, personnes malveillantes, vous êtes bannis de ce lieu. Qu'il en soit ainsi.

Dès qu'elle eut prononcé le dernier mot, Nour ressentit une palpitation extraordinaire dans tout son corps. C'était comme si elle avait été parcourue d'un courant électrique. Elle entrouvrit les yeux et devina, dans le clair-obscur, l'irradiation magique qui déferlait sur le pentagramme. La vague d'énergie se concentra d'abord sur le centre de l'étoile avant de se répandre sur chacune de ses branches. Quand les wiccans et leurs amis eurent prononcé la formule sept fois, l'aura contenue dans le pentacle dépassa les limites du cercle et explosa tout autour d'eux. La déflagration traversa les murs du manoir et fit éclater les rangs des villageois. Leurs cris de rage se mêlèrent à des exclamations de surprise et de peur lorsqu'ils furent repoussés au loin.

— Ne te démobilise pas, Nour, gronda Nana.

Sa voix avait changé au cours du rituel.

Plus grave, plus impressionnante, elle résonnait comme un écho des tréfonds de l'océan.

— Nous avons éloigné nos assaillants, reprit-elle, mais nous devons encore consolider les protections du manoir pour qu'il puisse se défendre seul.

Nour referma aussitôt les yeux et se concentra.

Elle sentait les mains d'Octobre et d'Avril dans les siennes mais, surtout, elle éprouvait une sensation de puissance jusqu'alors inconnue. L'énergie qui circulait entre eux entrait en elle, l'emplissait, avant de la quitter de nouveau. Pourtant, elle n'avait pas l'impression de s'affaiblir lorsque l'onde disparaissait. Au contraire, c'était comme une fleur qui grandissait dans sa poitrine. Plus Nour se focalisait sur cette étrange émanation à l'intérieur d'elle, plus elle s'épanouissait. On aurait dit que ses ramifications se déroulaient dans chacune de ses veines pour éclore dans sa tête, dans son cœur et dans tous ses doigts. C'était bizarre, mais agréable en même temps.

Nour voulait que ça ne s'arrête jamais.

Ses mains se cramponnaient à celles de ses amis.

Tout à coup, l'énergie éclata en elle et envahit la cuisine des Sorcelage. Nana Morphose, Avril, Octobre et H reculèrent, impressionnés par la lumière surnaturelle qui auréolait leur amie. Cette lueur pâle se répandit sur le sol et nimba les murs du manoir jusqu'au plafond. Elle franchit les fenêtres, se glissa au-delà des barrières de sel qu'ils avaient dessinées, et se déversa dans le jardin.

Soudain, les paupières de Nour se rouvrirent d'elles-mêmes, révélant alors des prunelles entièrement blanches.

Les Sorcelage n'en croyaient pas leurs yeux.

Jamais ils n'avaient vu un tel déchaînement de puissance magique.

Ils fixaient la jeune fille, abasourdis.

Lorsque la lueur se résorba, Nour s'effondra sur le sol, épuisée. Les enfants accoururent vers elle pour s'assurer qu'elle allait bien. Elle se réveilla aussitôt et les observa d'un air exténué. Elle ne se souvenait pas de tout, mais se sentait forte.

— Qu'est-ce qui s'est passé ? demanda-t-elle en essayant de se redresser.

— C'était complètement fou ! s'exclama H avec enthousiasme.

— Oui, c'était extraordinaire, approuva Octobre avec plus de douceur.

Ils lui racontèrent la scène et lui apportèrent à boire.

— Le rituel est fini, annonça Avril. On a gagné un peu de temps, tu peux te reposer.

Malgré l'impression de calme qu'elle voulait donner, la jeune wiccane sentait son cœur tambouriner dans sa poitrine. Le sort de protection avait consumé son énergie et, en prime, ils devaient encore trouver le moyen d'arrêter le démon des miroirs...

— Tu as révélé une grande puissance, expliqua Nana Morphose en aidant Nour à se relever. Le rituel a ouvert en toi le chemin de la Wicca.

— De la Wicca ? s'étonna la jeune fille. Vous voulez dire... que je suis une sorcière ?

La vieille femme ne répondit pas tout de suite. Elle épongea son front à l'aide d'un mouchoir et reprit contenance en refaisant sa tresse. Puis, elle chercha dans les placards un carré de chocolat, qu'elle offrit à Nour. Les autres enfants y eurent droit à leur tour. Ils s'installèrent sur les bancs poussés contre le mur et mangèrent en silence.

— La magie n'est pas l'apanage des wiccans uniquement, commença Nana quand tout le monde fut calmé. Nous sommes plus sensibles à la magie que les autres humains, mais nous n'avons jamais formé une race à part. Chacun peut avoir accès à son énergie surnaturelle, s'il prend le temps d'écouter son corps.

Elle observa Nour comme si elle la voyait pour la première fois.

— On dirait que ta magie a attendu longtemps d'avoir la liberté de s'exprimer. Si tu veux bien suivre les enseignements de la Wicca, je peux t'aider à l'utiliser.

Nour la dévisagea, des étoiles dans les yeux.

Elle refusait d'y croire, de peur de se réveiller subitement d'un rêve trop parfait. La déception serait immense si elle devait réaliser qu'elle n'était pas dotée du moindre pouvoir magique... Alors elle se contenta de hocher la tête avec une joie contenue.

De toute façon, elle n'avait pas le temps d'y songer pour l'instant.

Un problème plus urgent les attendait tous.

13

L'appât

Une atmosphère presque irréelle nimbait à présent la cuisine du manoir. Après l'effervescence affolante des dernières heures, ce calme soudain alourdissait l'air. Il devenait suffocant et presque inquiétant. Il faisait miroiter une impression de paix, comme si tout allait bien, mais chacun savait pertinemment que le pire était encore à venir. Le court répit que leur offrait le rituel serait rapidement écoulé, les adolescents devaient capturer le démon des reflets tant qu'il en était encore temps.

Malheureusement, Nana Morphose n'était pas de cet avis :

— Je veux que vous montiez vous mettre à l'abri, leur intima-t-elle.

— Mais, Nana ! s'écria Avril en écarquillant les yeux.

— Il n'y a pas de mais qui tienne, rétorqua la vieille femme. Nous aurons une petite discussion au sujet de ce démon. Quand je pense que vous avez attendu le dernier moment pour m'avertir ! Depuis quand étiez-vous au courant ?

Les quatre enfants baissèrent la tête, penauds.

— Peu importe, balaya Nana avec un revers de main. Ce n'est pas le moment, je dois m'occuper de ce problème et le plus tôt sera le mieux. Vous, vous montez dans vos chambres et vous retournez tous les miroirs. C'est bien compris ?

De toute évidence, la sorcière n'avait pas eu besoin d'interroger la Matriarche pour comprendre à quel monstre ils avaient affaire. Elle connaissait l'histoire de son aïeule pour l'avoir maintes fois entendue. Elle se souvenait du démon des reflets qui avait su réveiller la haine chez les habitants de Grand-Bête. Cette même haine qu'il avait suscitée en eux aujourd'hui, celle qui mettait toute la famille Sorcelage en danger.

— Allez ! s'impatienta Nana. Et que ça saute !

Les quatre adolescents ne pouvaient pas lui désobéir ni tenter de lui faire entendre raison, au risque de lui faire perdre un temps précieux. Pourtant, ils étaient tous bien décidés à l'aider, qu'elle le veuille ou non. Ils feignirent de se rendre à l'étage et, dès qu'ils eurent quitté les abords de la cuisine, ils se mirent à chuchoter fiévreusement :

— Qu'est-ce qu'on fait, maintenant ?

Ils s'arrêtèrent à l'angle d'un couloir.

Octobre se tourna vers sa sœur.

— J'ai peut-être une idée, mais elle ne va pas te plaire.

— Dis toujours ? acquiesça Avril.

Il sonda son regard, redoutant par avance sa réaction. Toutefois, il fallait agir et vite.

— Tu es celle qui l'attire, commença-t-il. C'est toi qu'il veut.

Avril frissonna rien que d'y songer.

C'était une évidence, mais jamais elle ne se l'était formulée ainsi. Cela faisait d'elle quelqu'un à part... mais pas pour les bonnes raisons. Elle ne pouvait pas empêcher les souvenirs de resurgir : toutes ces émotions que le démon avait réveillées en elle. La sensation d'être une moins que rien, d'être trop fade, trop inintéressante, trop médiocre pour mériter l'amour de ses proches. L'envie de se terrer dans le noir de sa chambre, les volets fermés et les lumières éteintes. La crainte que, tout à coup, sa façade de fille assurée ne vole en éclats et que tout le monde ne découvre sa nullité...

Elle n'avait jamais rien éprouvé de plus dévastateur.

Il fallait que ça s'arrête.

— C'est vrai, concéda-t-elle pour empêcher ses pensées de continuer à l'envahir. Et alors, ton idée, ce serait quoi ?

Octobre prit une grande inspiration avant de se lancer :

— On doit se servir de toi comme appât.

— Pardon ? s'exclama aussitôt Avril.

— J'avais dit que tu n'aimerais pas.

— D'accord, mais pas à ce point-là ! Tu te rends compte que ça revient à l'invoquer et ça, on en a déjà discuté. Ce serait complètement inconscient ! C'est un démon surpuissant, on ne sait même pas comment s'en protéger !

Avril s'écarta subitement du petit cercle qu'ils avaient formé et se mit à faire les cent pas dans le couloir étroit. Elle se massa les tempes, indécise et angoissée. En soi, le plan d'Octobre avait du potentiel : Avril servirait à attirer le démon dans l'un des miroirs du manoir et, à ce moment-là, ils pourraient le combattre. Sans quoi, il risquait de vagabonder pendant longtemps, errant de maison en maison dans le village en causant encore davantage de dégâts. Au moins, s'ils parvenaient à le faire revenir sur la colline, ils pourraient tenter de le retenir.

La question était : comment ?

Avril ne se sentait pas encore tout à fait en sécurité, mais elle était rassérénée. Même s'il semblait dangereux au premier abord, le fait d'avoir un plan la rassurait un peu. Cela lui donnait l'impression de ne plus seulement être la victime du démon.

Elle sentait qu'elle aussi, elle pouvait l'atteindre.

— La Matriarche a dit qu'il fallait le faire retourner dans sa prison, se remémora-t-elle à voix haute. Vous avez entendu comme moi ?

— Oui, répondit Octobre. Elle a parlé d'un miroir doré... Il doit forcément se trouver dans le manoir, vous ne pensez pas ?

— Si, c'est obligé... balbutia H.

Ils réfléchirent en silence, guettant le moindre bruit pour ne pas se faire surprendre par Nana Morphose. Si elle découvrait qu'ils lui avaient désobéi, elle n'hésiterait pas à les faire prendre en otage par le manoir. Avril refusait d'attendre sagement dans sa chambre pendant que sa grand-tante livrait bataille seule. C'était son combat.

Elle s'efforçait de comprendre.

— Il y a tellement de miroirs, ici ! dit-elle avec lassitude. C'est impossible de deviner celui dans lequel il a été enfermé il y a trois cents ans !

— Peut-être pas, intervint alors Nour.

Elle se mâchouilla l'intérieur de la joue.

— La Matriarche a dit... elle a dit que seul un acte d'une grande vanité aurait pu le réveiller. Si l'on remonte quelques semaines en arrière, avant qu'Avril commence à ressentir les effets néfastes du démon, il y a un événement qui aurait pu...

Les mots de Nour moururent dans un souffle.

Elle prit une grande inspiration avant de poursuivre :

— Est-ce que vous vous souvenez de ce soir-là, lors de la séance de spiritisme ?

Ils écarquillèrent tous les yeux d'un coup, ce qui la fit rougir jusqu'aux oreilles. Le rituel l'avait épuisée mais, en plus de ça, son estomac faisait des siennes au fond de son ventre. Il se tordait dans tous les sens depuis qu'elle avait pris la parole. Même si elle savait que ses idées n'étaient pas stupides, les énoncer devant tout le monde relevait du défi. Elle s'efforça de rassembler ses pensées le plus clairement possible.

— C'était tellement bizarre... Je me dis qu'il s'est forcément passé quelque chose.

— Qu'est-ce que c'est que cette histoire de spiritisme ? s'exclama H.

— Ce n'était pas réel ! se récria Avril. On voulait seulement faire peur à Nour pour préparer Halloween, mais on n'a pas utilisé de formule rituelle !

— C'est Avril qui faisait bouger la goutte sur la planche de Ouija, expliqua Octobre en prenant la main de leur amie pour la rassurer.

— Oui, mais... il n'y a pas que ça, murmura timidement Nour. L'acte d'une grande vanité dont la Matriarche a parlé... et si c'était le moment où on a pris notre selfie ?

Avril et Octobre la contemplèrent, incrédules.

— Un scelle-fi ? répéta H. Ça n'a pas l'air très dangereux.

— Un selfie, déclara Avril, c'est une photo que l'on fait de soi-même, en général on la prend pour la poster

sur les réseaux sociaux… et pour obtenir de l'attention.

Le feu follet les dévisagea l'un après l'autre, perplexe.

Tout le monde se tut pendant un moment.

— Vous pensez vraiment…

— … qu'on aurait pu le réveiller ?

Une angoisse glacée remonta le long de leurs épines dorsales.

Depuis la soirée d'Halloween, l'idée s'était fait un chemin dans l'esprit de Nour. Elle n'avait pas voulu croire à l'existence des esprits, mais elle avait été rapidement détrompée. Puis, lorsque le démon s'était enfin révélé à Avril, elle avait repensé à cet étrange grenier, à sa boîte à musique inquiétante et, surtout, à son drôle de miroir cerclé d'or. Elle se rappelait avoir été fascinée par la beauté de son cadre décoré, mais peut-être encore plus de l'effroi qu'elle avait ressenti en se voyant dans la glace mouchetée d'étain. Elle s'était trouvée différente, presque fantomatique, et en tout cas très mal à l'aise face à son propre reflet. C'était un jeu, alors elle avait eu vite fait de l'oublier mais, finalement, peut-être que toute cette épouvantable aventure avait commencé ce soir-là. Peut-être qu'il n'avait suffi que de cela : ils s'étaient livrés à un acte narcissique, aussi commun soit-il, mais ils l'avaient fait dans un miroir hanté lorsque le cercle de pierres magiques ne les protégeait plus.

— Si c'est notre faute, trancha Avril, raison de plus pour agir.

— Je suis d'accord, approuva Octobre dans un murmure désemparé. On ne peut pas laisser Nana réparer notre erreur. Et si c'est bien là que le démon s'est... qu'on l'a réveillé, c'est dans ce miroir qu'il faut le faire prisonnier.

— Très bien, décida Avril, alors en route pour l'aile nord.

— L'aile nord ? chuchota H en écho.

Il tressaillit à cette mention.

— Qu'est-ce que... ? demanda Avril sans oser terminer sa phrase.

Le feu follet passa la main dans ses cheveux blancs et garda les yeux rivés au sol.

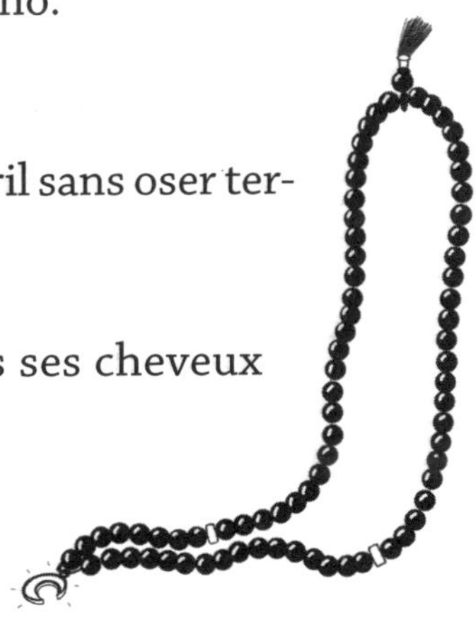

— Dans la lande, on raconte des histoires au sujet du manoir sur la colline. Il y a la partie habitée par les sorciers… et puis, il y a la partie abandonnée et condamnée.

Il leva la tête et planta son regard surnaturel sur chacun de ses amis à tour de rôle.

— Les chefs de clans nous déconseillent d'y mettre les pieds. On dit que même les sorciers du manoir ont interdiction de s'y rendre.

Avril pinça les lèvres, Octobre déglutit.

— On dit… que c'est là que les sorciers cachent leurs expérimentations douteuses et les créatures maléfiques qu'ils ont pu mettre en cage.

— C'est vrai, avoua Nour, qu'on n'avait pas le droit.

— On ne savait pas que c'était si grave ! gémit Avril.

— Et vous n'avez rencontré aucune résistance ? demanda H.

— Si, mais…

Les jeunes wiccans laissèrent la réponse en suspens. La culpabilité les faisait taire.

— Maintenant, on n'a plus le choix, déclara finalement Octobre.

Les autres acquiescèrent sans un mot de plus.

Ils tentèrent de retourner du côté de la cuisine, espérant pouvoir empaqueter de quoi réaliser un rituel de protection. Ils savaient qu'ils risquaient de tomber sur Nana mais, par chance, ils l'aperçurent au loin lorsqu'elle remonta le couloir qui menait à la cave de la Matriarche. Dès qu'elle eut disparu, ils s'empressèrent de récupérer ce dont ils avaient besoin, avant de retrouver le chemin de l'aile nord. Rien n'avait changé depuis la dernière fois qu'ils s'y étaient aventurés : des linceuls de poussière grise revêtaient le tapis centenaire et des toiles d'araignée habillaient la vaste cheminée du hall. Aux chandeliers, il n'y avait plus la moindre bougie pour éclairer le dédale de chambres et de salons, seulement des fantômes oubliés et tristes. Les enfants grimpèrent les escaliers comme des âmes en peine. Une culpabilité rongée d'angoisse les précédait dans les marches. Bientôt, ils escaladèrent l'échelle et se hissèrent par la trappe, avant d'errer entre les reliques spectrales… la boule au ventre. L'échéance de leur mission arrivait à son terme. Dans quelques minutes, tout au plus, ils affronteraient à nouveau le démon.

Avril se planta devant le miroir.

Elle gardait les yeux fermés.

Pourtant, malgré la peur qui la tenaillait, elle se campait fermement sur ses deux jambes et se tenait droite, poings sur les hanches. Elle n'était pas encore prête, mais elle savait qu'il fallait en finir. Elle refusait de reculer, à présent, ce n'était plus possible.

— Tu vas y arriver, chuchota Nour.

— On croit en toi, approuva Octobre.

— Tu es plus forte que tu ne le penses, conclut H.

Avril se bâtit une forteresse intérieure grâce à ces paroles. Elles se transformèrent : de mots, elles devinrent des pierres, bien taillées et solides, pour créer les fondations d'une nouvelle Avril. Ses amis avaient été témoins de sa chute, de sa faiblesse face au démon des reflets, et pourtant ils se trouvaient à ses côtés en cet instant. Ils la suivaient toujours, la respectaient toujours, l'aimaient toujours, malgré tout ce qui s'était produit, malgré ce qu'elle leur avait révélé, malgré ses failles. Peut-être même l'aimaient-ils encore davantage, en réalité, en dépit et à cause de tout cela.

Alors Avril ouvrit les yeux.

Grâce à ses amis, elle affronterait le monstre.

14
Le démon

Dans le clair-obscur du grenier, plus personne ne parlait.

Cela faisait déjà de longues minutes qu'ils attendaient, immobiles, que le démon des miroirs daigne se montrer. Ils avaient convenu d'un plan : Octobre, Nour et H devaient rester cachés derrière les malles et les meubles qui s'empilaient et menaçaient de s'effondrer, tandis qu'Avril patientait devant son propre reflet. Elle s'observait, tentant de demeurer impassible, mais ses amis voyaient ses larmes perler malgré la distance. Ils éprouvaient tous les trois un sentiment d'impuissance qu'ils détestaient. Ils n'avaient qu'une envie : se ruer vers elle pour la réconforter. Toutefois, ils ignoraient si le démon se révélerait devant eux, alors ils préféraient se contenir jusqu'au moment propice. Ils retenaient leur souffle, prêts à affronter le monstre dès qu'il apparaîtrait.

Pour Avril, le temps semblait suspendu.

Plus elle détaillait les traits de son visage, plus elle s'interrogeait. Était-il possible, vraiment, qu'elle soit la fille de ses parents ? Henrietta et Aloysius Sorcelage avaient tous les deux hérité d'une beauté stupéfiante. Il fallait croire que le destin leur avait fait don de toutes les qualités et d'aucun défaut. C'était donc consternant qu'ils aient pu mettre au monde un enfant aussi tordu qu'un traversieux. Avril avait des sourcils épais et hirsutes comme deux ailes d'oiseau malade, des yeux sombres et mornes sans le moindre charme et un nez plus biscornu qu'une vieille branche de bois mort. En somme, elle ressemblait bien moins à une humaine qu'à un esprit sauvage, à croire que l'un d'eux l'avait échangée à la naissance pour la remplacer par un bébé difforme.

Elle n'avait rien à voir avec ce que l'on attendait des filles de son âge. Dans tous les magazines, toutes les publicités et toutes les séries à la télé, les adolescentes resplendissaient, minces et fragiles comme des figurines de verre. Aucune d'elles ne se réveillait chaque matin avec un nez de travers, des cernes de squelette et des cicatrices d'acné du front au menton. Aucune d'elles ne dévalait les escaliers en tambourinant de tout son poids sur les marches. Aucune d'elles ne provoquait des tremblements de terre à la moindre émotion. Elles semblaient douces comme des nymphes, raffinées comme des reines et aussi belles que la jeune Déesse. Tout l'opposé d'Avril, qui ne voyait en elle-même que la version grossière et brutale de ce qu'une jeune fille devait renvoyer comme image. Elle ne serait jamais comme il faut.

Elle ne serait jamais *normale*.

C'était hors de sa portée.

C'était trop tard.

Il y avait comme un nuage noir et triste autour d'elle.

Elle avait l'impression qu'il ne disparaîtrait jamais.

En réalité, il paraissait même s'assombrir de minute en minute.

La surprise se mêla à la peur lorsqu'Avril s'aperçut que les ténèbres la cernaient. Dans le miroir, l'ombre arriva comme un souffle, discrète, à peine perceptible. Elle affleura à la surface de la glace, d'abord un simple ruban noir, puis se mit à grandir et à grossir jusqu'à envahir complètement le miroir. Elle enveloppa Avril, engloutissant le reflet de ses mains, celui de ses épaules, celui de sa poitrine. Elle lui enlaça le cou délicatement, se resserra autour de sa gorge et, lentement, se referma sur son cœur.

— Maintenant.

C'est à peine si Avril avait parlé, mais cela avait suffi pour que ses amis l'entendent. Sans attendre une seconde, ils jaillirent hors de leur cachette et se déployèrent dans le grenier pour mettre leur plan à exécution. Ils devaient agir vite, car ils voulaient profiter du laps de temps entre l'instant où le démon envahirait entièrement le miroir et celui où il ouvrirait les yeux. Chaque seconde était précieuse. Ils formèrent un cercle autour d'Avril et de sa psyché, disposant les pierres qu'ils avaient récupérées à intervalles réguliers sur le sol. Ils en placèrent six selon un motif précis qu'ils avaient répété ensemble tandis qu'Avril, toujours campée sur ses jambes face à son reflet, en détenait une septième pressée au creux de sa paume. Le petit galet poli, marqué d'un symbole doré, répandait une chaleur rassurante contre sa peau.

Ces sept pierres n'étaient pas ordinaires.

C'étaient des runes, frappées de sceaux magiques.

Et les enfants comptaient bien s'en servir contre le démon.

Ils n'étaient peut-être pas capables de le tuer, pas plus que Griselda Sorcelage en son temps, mais ils pouvaient tenter de le faire prisonnier à tout jamais.

Octobre, Nour et H se postèrent enfin autour du miroir.

Ils murmurèrent des paroles encourageantes à Avril, mais elle ne les entendait pas. Elle attendait que la bataille commence.

Une seconde plus tard, l'ombre ouvrait les yeux.

C'étaient deux fentes blanches dans une nuit sans lumière.

Des prunelles railleuses, carnassières, dangereuses.

Avril ne cilla pas.

Elle soutint le regard de la créature malgré la peur.

Elle serrait sa pierre avec tant de force que ses articulations blanchissaient. Elle se concentrait sur le pouvoir incommensurable de la rune, *Tīwaz*, la plus puissante de toutes. Un frisson d'énergie la fit tressaillir, mais elle ne laissa rien transparaître.

Au lieu de quoi, elle déclara :

— Tu n'es pas le bienvenu, démon. Retourne dans le monde des ombres.

Aussitôt, ses amis reprirent en chœur :

— Tu n'es pas le bienvenu, démon. Retourne dans le monde des ombres.

Ils répétèrent l'incantation tous les quatre, encore et encore, et, à chaque fois qu'ils la prononçaient de nouveau, le plancher du grenier grondait. Peu à peu, une étrange lueur nimba les six runes qui encerclaient le miroir tandis que, dans la paume d'Avril, celle qu'elle tenait devenait de plus en plus brûlante. Lorsqu'ils eurent psalmodié cinq fois, le manoir fut secoué par une pulsation violente. À la sixième reprise, on entendit au loin le fracas de décorations brisées sur le sol et les gémissements de meubles sur le point de s'écrouler. Octobre, Nour et H se consultèrent du regard, alarmés, mais Avril, elle, n'avait pas détourné son attention du démon. Elle le fixait d'un air de défi.

Elle s'apprêtait à répéter l'incantation pour la septième et dernière fois :

— Tu n'es pas le bienvenu…

Mais le monstre l'interrompit avant la fin du rituel :

— Avril Sorcelage…

Sa voix résonna avec un écho caverneux d'outre-tombe. Ce n'était pas comme entendre un revenant, c'était comme entendre la mort elle-même.

— Tu m'as appelé à toi.

Avril se retint de trembler lorsqu'elle répondit :

— Je ne t'ai jamais appelé, démon. Nous ne voulons pas de toi ici.

— Non ?

Le blanc de ses yeux devint plus incisif.

On aurait dit qu'il souriait.

— Pourtant, une fille comme toi doit être si solitaire…

Avril ouvrit la bouche pour riposter, mais elle resta muette.

— C'est normal que tu recherches la compagnie d'êtres comme moi, tu n'as pas à t'en cacher, Avril Sorcelage. Ton âme est noire, tu es la violence et le carnage. Regarde comme la terre tremble à la moindre de tes colères. Tu es la destruction.

Cette fois, la jeune fille recula.

Chaque parole du démon la percutait et vibrait jusque dans sa chair. Elle ne trouvait aucune faille dans ses attaques parce qu'il ne mentait pas. Elle savait qu'elle était sombre, mordante, agressive. Il avait raison : elle était un danger, car son pouvoir menaçait des vies. Rien ne la différenciait vraiment de cette créature des ténèbres.

Elle fouilla son reflet, indécise.

— Dis-moi que tu ne crois pas à ce qu'il raconte ? s'écria alors H.

Avril s'arracha à l'hypnose dans laquelle elle sombrait, rappelée à la réalité par la voix du feu follet. Elle tourna un regard vers Octobre, Nour et H par-dessus son épaule.

— Il dit n'importe quoi, Avril !

— Tu n'es pas toutes ces choses !

Ils tentaient de la rassurer et elle entendait leurs paroles, mais aucune d'elles ne la touchait autant que celles du démon. Elle avait l'impression d'être une statue de pierre, dont la carapace s'effritait sous les attaques et ne restait imperméable qu'aux mots de réconfort. Elle essaya de croire en leurs encouragements, mais rien n'y faisait…

— Ils ne te comprennent pas, Avril.

La voix du démon s'était faite plus douce.

Presque comme une promesse.

Ses mots s'insinuèrent en elle.

— Ils ne te comprennent pas comme moi. Ils ont toujours fait semblant de t'aimer mais, la réalité, c'est qu'ils craignaient de te mettre en colère. Leurs agissements n'étaient pas inspirés par l'amour, ils étaient inspirés par la peur.

Il chuchotait à présent, un secret qu'il ne partageait qu'avec Avril. Elle se demandait pourquoi elle n'avait pas voulu l'écouter, au départ. Il ne disait rien d'insensé. Elle prit le temps de dévisager ses trois amis, frappée par les expressions épouvantées sur leurs visages. Elle ne parvenait pas à savoir si c'était le démon qu'ils craignaient...

Ou bien s'ils la craignaient – elle.

Le démon devait avoir raison.

— Tu ne le savais pas ? Tu ne t'en étais jamais doutée ? Tu devrais les attaquer, leur faire du mal... ça te ferait du bien. Pour une fois, tu n'aurais pas à te restreindre.

— Avril ! s'écria Octobre. Ne l'écoute pas !

Elle se détourna de lui pour faire face à son reflet, perdu dans les ténèbres. Son frère n'entendait plus ce que le monstre lui susurrait à l'oreille, mais il pouvait aisément le deviner. Il sentait que la peur et la colère quittaient lentement l'aura de sa sœur, remplacées peu à peu par une méfiance sournoise.

Il fallait la sortir de ce piège !

— Tu es géniale, Avril ! lui cria-t-il pour la réveiller de l'emprise du démon. Je ne te le dis sans doute pas assez, mais je te trouve extraordinaire !

— Tu es la fille la plus généreuse et courageuse que je connaisse ! ajouta Nour.

— Et tes pouvoirs, poursuivit encore Octobre, ils ne font pas de toi quelqu'un de dangereux, ils font de toi quelqu'un de puissant ! Tu n'es pas malveillante !

— Tu n'es pas une créature des ténèbres, Avril, conclut H d'un ton solennel. Je peux te le promettre, parce que j'en ai rencontré beaucoup. Tu es tout l'inverse !

— Il n'y a pas à dire, Avril Sorcelage, les interrompit le démon. Vous, les humains, êtes doués pour les mensonges. Et tes amis le sont d'autant plus...

Avril contempla à nouveau son reflet dans la glace.

Elle portait la noirceur autour d'elle comme une parure.

Cette fille ténébreuse, c'était vraiment elle. Octobre, Nour et H ne pouvaient pas se lier avec une personne pareille.

D'ailleurs, Nour avait fait une croix sur leur amitié lorsqu'elle avait découvert son secret. Elle s'était éloignée d'elle à cause de la peur.

Elle l'avait trahie.

Il fallait qu'elle paie.

— Avril, je te connais.

C'était Octobre qui avait parlé.

Il retenait ses larmes avec difficulté.

— Je te connais, toi, tes qualités… et aussi tes défauts. Tu en as beaucoup, je suis bien placé pour le savoir, mais jamais je n'aurai envie de t'abandonner. Tes qualités font partie de toi, mais tes défauts aussi. C'est ce qui fait de toi celle que tu es.

Le garçon pleurait, à présent.

— C'est ce qui fait que je t'aime.

Cette fois, sa voix réussit à la trouver.

Avril écarquilla les yeux, se remémorant soudain qu'elle avait envisagé de faire du mal à ses amis, à Nour, sous l'emprise du démon. Elle secoua la tête, écœurée.

— L'incantation ! réclama-t-elle dans un cri.

— Tu n'es pas le bienvenu, démon ! hurlèrent aussitôt ses amis de concert avec elle. Retourne dans le monde des ombres !

La septième scansion enfin prononcée, les runes qui encerclaient le miroir émirent une lumière surnaturelle. Comme autant d'étoiles filantes dans un ciel d'encre, ces lueurs décrivirent des arceaux au-dessus du miroir hanté afin de créer une cage d'or autour de lui. Au centre, depuis la paume d'Avril, un septième faisceau jaillit vers le plafond avec une force éblouissante. Dans la glace, le monstre d'obscurité ferma les fentes blanches qui lui servaient d'yeux, blessé par la clarté subite des runes.

Il se recroquevilla un instant, mais ce n'était pas fini.

Avril comprit avec horreur qu'il était trop tard quand, dans un ultime sursaut, l'ombre franchit la barrière invisible du miroir. D'abord lentement, puis avec une rage terrifiante, des volutes noires se répandirent hors du reflet. Elles s'enroulèrent autour de la psyché et se tendirent vers Avril, plus menaçantes que jamais.

La jeune fille, abasourdie, resta pétrifiée.

Les longs doigts du démon s'approchèrent de son visage mais, au moment même où ils s'apprêtaient à se refermer sur elle, un hurlement déchira le silence dans lequel elle était enfermée. Soudain, Nour se trouvait à ses côtés et poussait le miroir de toutes ses forces. Elle avait brisé le cercle, les filaments de lumière runiques s'étaient éteints, mais plus rien n'avait d'importance. La psyché vacilla, puis partit en arrière.

Tout le monde s'immobilisa alors, se préparant à l'impact.

Pourtant, lorsque la glace bascula vers le sol, elle ne vola pas en éclats.

Elle disparut.

L'instant d'après, il n'y avait plus de miroir et plus de démon.

Ils s'étaient volatilisés.

La stupeur s'abattit sur les quatre enfants.

Ils dévisagèrent Nour.

— Tu... articula enfin Octobre. Tu es une sorcière astrale ?

15
Samhain

C'était un matin ordinaire au milieu de nulle part, là où aucun silence n'était jamais tout à fait silencieux. La brume s'était tout juste levée sur la campagne berrichonne, parant les fleurs et les herbes folles de leur habit de rosée, et on n'entendait, de loin en loin, que le chant des chardonnerets et le murmure de la brise dans les dernières feuilles rousses. C'était, pour ainsi dire, comme si rien ne s'était jamais produit.

Sur la colline, le manoir s'éveillait lentement de sa torpeur.

La pâle lumière de l'automne toqua doucement au carreau, s'introduisit par la fenêtre de la chambre et vint caresser la joue de Nour encore assoupie. La longue chevelure noire de la jeune fille s'éparpillait en désordre sur son oreiller et de petits ronflements faisaient frétiller ses narines. Elle s'était enroulée dans l'un des plaids en patchwork de Nana Morphose, mais elle avait échoué davantage en dehors qu'en dedans à force de gigoter au cours de la nuit. Nul n'aurait pu dire, à la voir ainsi, qu'elle possédait une once de magie en elle – et encore moins la plus étrange et la plus rare de toutes les magies. Près d'elle, dans le lit à baldaquin, Avril disparaissait entièrement sous les couvertures. On ne distinguait plus d'elle que la racine de ses cheveux auburn et les contours de sa main glissée sous sa tête. Ses traits, lissés par le sommeil, traduisaient une sérénité qu'elle n'avait plus éprouvée depuis des semaines. Elle dormait comme une bienheureuse, égarée dans un monde que seule elle connaissait, loin de ses soucis et de ses complexes. De l'autre côté de sa sœur, Octobre, quant à lui, se réveillait peu à peu. Ses yeux papillonnaient dans la clarté du petit matin et, alors qu'il était encore tout somnolant, sa première pensée fut pour les effluves de cannelle et de clou de girofle qui se

mêlaient à l'odeur des feuilles mortes et de la terre humide.

Malheureusement, cette apparente tranquillité fut de courte durée.

— Agua don, c'est de la bin belle ouvrage !

La voix fantomatique de grand-oncle Obole se fit entendre depuis le jardin. Son flegme habituel avait laissé place, ce matin-là, à un enthousiasme forcé. Dans son demi-sommeil, Octobre ne parvenait plus à démêler ce qui tenait du rêve de ce qui tenait de la réalité. Du moins, jusqu'à ce que l'exaspération de Nana Morphose ne le fasse sursauter :

— Ah, bah ça ! ronchonna-t-elle avec humeur. C'est bien joli, d'accord, mais qu'est-ce qu'on va faire de cette pierre sotte, maintenant ?

Octobre jaillit hors du lit et se précipita, pieds nus sur le parquet, vers la fenêtre de la chambre. Il fut rapidement rejoint par Avril et Nour, yeux encore à moitié fermés et cheveux en bataille, et les trois enfants ouvrirent la vitre le plus discrètement possible pour ne pas attirer l'attention des adultes en contrebas. Perchés sur le bout des orteils, ils glissèrent un œil à l'extérieur et découvrirent qu'un menhir haut de plus de six mètres jetait à présent son ombre colossale sur la grande serre des Sorcelage.

— Ma grand foué, grommela grand-oncle Obole d'un air confus, quand je suis arrivé là-haut dans l'nord, c'est-y pas que ces chaugnards de Gaëls, y m'ont fait leur grand blabla, un acheté, douze offerts, que moi je leur demandais qu'un dorderin de rin du tout ! Je m'en suis trouvé perdu, de toute leur parlotte ! Alors, quand ils m'ont demandé où que j'voulais qu'ils me posent la pierre, j'ai donné cette adresse...

Octobre écarquilla les yeux, tandis qu'Avril, à côté de lui, étouffait un ricanement. Nour les dévisageait, pas certaine de comprendre de quoi il retournait, quand un éclair bleu stria soudain le ciel devant eux pour s'engouffrer dans la chambre.

— H ! s'étonnèrent ses amis d'une voix pâteuse.

À peine eut-il franchi la fenêtre que le feu follet se transforma, abandonnant son apparence

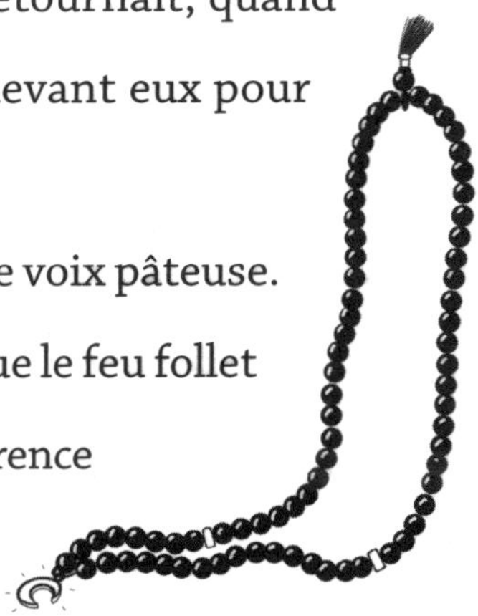

de flammèche flottante pour celle de jeune garçon aux cheveux blancs. Il les salua de son éternel sourire d'esprit malin, puis avisa leurs pyjamas déguenillés.

— Pas de commentaire, l'interrompit Avril, interposant une main autoritaire devant lui avant même qu'il ait pu émettre la moindre critique.

— Bonjour à toi aussi, répliqua-t-il en riant.

— C'est quoi tout ce bazar, en bas ? demanda Nour.

Elle réprima un bâillement et se frotta les yeux.

Elle aurait pu tout aussi bien ne pas poser la question, puisqu'elle n'attendit pas la réponse. Sans se consulter, les trois jeunes humains tournèrent les talons et traînèrent les pieds jusqu'au lit, où ils se laissèrent tomber chacun leur tour. H les suivit et s'amusa de les voir si engourdis et grognons. Lui, en tant qu'esprit des marais, n'avait jamais besoin de dormir et ne connaissait pas la torture du réveil matinal. Rien que pour les entendre geindre et râler, il sauta sur le matelas avant de s'écrouler sur eux. Ils tentèrent de riposter en faisant pleuvoir sur lui quelques coups d'oreiller, mais s'écartèrent néanmoins pour lui laisser une place entre eux. H s'installa, heureux.

— Nana rouspète, dit-il en se relevant sur un coude. Encore !

— Oui, ça on a tous entendu, souligna Avril.

— C'est parce qu'Obole s'est trompé d'adresse, ajouta Octobre à l'intention de Nour.

— Il était parti négocier avec les tailleurs de pierre, reprit Avril quand elle lut l'incompréhension sur le visage de sa meilleure amie. En Bretagne. Apparemment, ce sont les meilleurs du pays et, du coup, c'est à eux qu'il est allé demander de faire remplacer le dorderin perdu. Pour restaurer le cercle protecteur sur la lande.

— Sauf que les tailleurs de pierre n'ont pas livré le menhir sur la lande...

— ... donc Obole se fait enguirlander.

Nour se retint de rire.

Vraiment, elle aurait pu croire que tout n'avait été qu'un rêve.

Ou, plutôt, un terrible cauchemar.

Sauf que…

— Si ça pose vraiment problème, commenta H, tu n'auras qu'à la faire disparaître.

Cette fois, personne ne rebondit.

Le feu follet se fustigea intérieurement d'avoir commis un impair et tout le monde resta coi, redoutant d'enfin aborder le sujet qu'ils avaient tous pris soin d'éviter.

Cela faisait plus de vingt-quatre heures qu'ils étaient descendus du grenier, rescapés comme par miracle de l'affrontement qui les avait opposés au démon des reflets. Nana Morphose, avertie par la Matriarche lorsqu'elle s'était rendue à la cave, s'était ruée au sommet de l'aile nord et les avait trouvés, entre fous rires nerveux et crises de larmes incontrôlables, effondrés sur le sol parmi les runes… sans plus aucune trace du miroir. La vieille femme avait passé un long moment à les rassurer, puis elle avait enfin réussi à les faire descendre. Autour du manoir, certains des habitants du village attendaient, hagards, alors que d'autres étaient rentrés chez eux. Dès que le monstre avait disparu, ils avaient été arrachés à son emprise et, déboussolés, ils s'étaient demandé ce qu'ils pouvaient bien faire là. S'il ne leur restait aucun souvenir de l'incident, ils en avaient cependant gardé un goût amer, comme un relent de rancœur et de vengeance. Nana leur avait assuré qu'il ne s'agissait là que d'une fièvre saisonnière qui les avait fait halluciner. Elle avait donc renvoyé les derniers indécis chez eux avec une décoction d'herbe de son cru qui, en réalité, n'était autre qu'une puissante tisane d'oubli.

Entretemps, elle avait installé les quatre adolescents épuisés près de la cheminée. Ils s'étaient réchauffés, Octobre et Nour sanglotant encore après l'épreuve qu'ils avaient subie, tandis qu'Avril et H se trouvaient en état de choc. Aucun d'eux n'avait parlé de toute la soirée. Les trois jeunes humains avaient fini par monter dans la chambre d'Avril et, sans même se doucher, par se vautrer entre les couvertures réconfortantes. Le feu follet, quant à lui, avait dû s'en retourner auprès de sa famille dans les marais, mais il avait ressenti un pincement au cœur en laissant ses amis dans la détresse. Il était revenu aussitôt que possible pour être à leurs côtés. Sur le chemin du manoir, il s'était dit qu'ils auraient eu le temps de parler, entre eux, des pouvoirs que Nour avait révélés.

De toute évidence, ce n'était pas le cas.

— Il est trop tôt pour en plaisanter ? finit par demander H.

Pour toute réponse, il ne reçut que des sourires contrits et des yeux baissés. Puis, Nour se redressa pour s'asseoir contre la tête de lit.

— Oui... non... bafouilla-t-elle. Je ne sais pas trop.

Elle se mâchouilla l'intérieur de la joue sans rien ajouter.

En vérité, elle ne savait pas quoi dire. Elle se sentait plus perdue que jamais et même le bonheur d'être une sorcière ne parvenait plus à contrebalancer l'inquiétude qu'elle éprouvait. Elle ignorait ce qui s'était réellement produit, sans doute qu'elle ne comprendrait vraiment jamais. Plus elle y repensait, plus son geste lui paraissait irréfléchi. Elle se demandait ce qu'il serait advenu si, à cause d'elle, la psyché avait été brisée. Si le monstre avait été libéré par sa faute, elle ne se le serait jamais pardonné. N'en demeurait pas moins que, d'une simple poussée de la main, elle avait fait disparaître le démon et son miroir.

« Tu es une sorcière astrale », avait dit Octobre.

Nour ne comprenait pas ce que cela signifiait.

Elle essaya de mettre ses pensées en ordre, mais ne réussit qu'à s'embrouiller :

— Je... je... Qu'est-ce que j'ai fait ?

— Les sorcières astrales, dit Octobre en propageant une onde apaisante, sont très rares et très puissantes. Elles ont le pouvoir d'accéder aux différents plans de l'univers, des plans qu'on ne peut même pas imaginer, nous qui ne les voyons pas.

— Imagine le cosmos comme des couches sédimentaires, ajouta H.

— Comme une pâte feuilletée, plutôt, corrigea Octobre.

— Si tu veux, concéda le feu follet. Il existe un milliard de mondes et seuls quelques êtres sont capables de percevoir leur présence.

Nour ouvrit la bouche pour parler, mais ne dit rien et se contenta de froncer les sourcils.

— Quand tu as fait basculer le miroir, continua H, tu as ouvert une brèche sur un autre plan. Je pense que Nana Morphose t'expliquera mieux que nous.

Octobre hocha la tête.

— Si tu n'avais pas été là, murmura alors Avril, on n'aurait jamais pu le vaincre...

Les trois autres se tournèrent vers elle, mais elle n'ajouta rien. Elle se contenta de garder les yeux rivés sur le dais en velours du baldaquin, comme si cela pouvait suffire à la faire disparaître. En quelques mots, la sérénité de la matinée venait de voler en éclats. Elle avait laissé place aux souvenirs terrifiants du grenier.

— C'est toi qui l'as vaincu, répondit Nour d'une petite voix.

— Oui, tu t'es libérée de son emprise par toi-même, ajouta Octobre.

Il prit la main de sa sœur sous la couverture.

— Pas par moi-même, démentit Avril en se tournant enfin vers eux. Je n'aurais jamais réussi à le combattre si j'avais été seule. Sans vous, il m'aurait eue.

H se laissa retomber sur le dos, songeur.

— Je ne crois pas qu'on puisse vraiment dire ça, déclara-t-il. Tu as fait ta part, et nous la nôtre. Il s'en prenait à toi, seulement à toi, il voulait te retourner contre ta famille et tes amis... mais tu as tenu bon, tu ne lui as pas cédé.

Une ombre voila les yeux d'Avril.

Elle refoula les larmes qui brûlaient derrière ses paupières en fermant les yeux. Elle ne pouvait pas s'empêcher de sentir un gouffre s'ouvrir en elle en entendant les paroles de H. Il ne savait pas, il ne pouvait pas savoir, mais en émergeant de la transe dans laquelle le démon avait réussi à la plonger, elle n'avait qu'un souvenir des quelques minutes qui venaient de s'écouler : la haine qu'elle avait éprouvée, une fraction de seconde, envers eux. Octobre, Nour, H, mais aussi Nana, Obole et la Matriarche. Elle gardait encore en mémoire la malveillance que le démon lui avait fait ressentir à leur encontre. Si ses amis n'avaient pas été là, elle aurait pu succomber.

— J'ai confiance en toi, dit Nour quand Avril ne répondit pas.

Elle entrelaça ses doigts avec ceux de sa meilleure amie.

— Quoi qu'il ait pu se passer, entre toi et le démon, quoi qu'il ait pu te dire et quoi que tu aies pu penser à ce moment-là, je sais que tu ne nous aurais jamais blessés volontairement. Je sais que tu es quelqu'un de bien et je n'en douterai jamais.

Les deux filles échangèrent un sourire qui, à cause des larmes qu'elles retenaient, ressemblait davantage à une grimace. Elles laissèrent échapper un petit rire empreint de sanglots, sachant chacune quelle tête horrible elle faisait en voyant son reflet sur le visage de l'autre, mais elles se fichaient bien de leur apparence.

Avril savait qu'elle n'avait pas fini de douter d'elle-même. Elle se disait qu'il lui faudrait encore des jours, des mois, peut-être même des années avant de s'aimer pleinement. En revanche, elle voulait croire que, tout ce chemin, elle ne le parcourrait pas seule. Elle n'avait plus envie de laisser un démon, ou qui que ce soit, poser un regard négatif sur elle. Elle ne voulait plus être amenée à se détester à cause de ce que les autres diraient d'elle. Elle était peut-être plus brute que les filles de son âge, plus violente quand elle ne se maîtrisait pas, moins douce, mais c'était ainsi que ses amis l'aimaient, alors c'était peut-être encore mieux comme ça. Il y aurait toujours des gens pour dire qu'elle n'avait rien d'une fille normale, mais ce n'étaient pas ces gens-là qu'elle avait envie d'écouter.

Après tout, se répétait-elle en son for intérieur pour se raisonner, elle avait trouvé au fond d'elle-même la force de vaincre le démon des miroirs. Pour sauver ses amis, pour être digne de leur amour mais, surtout, parce qu'elle était intimement persuadée qu'elle n'avait rien de commun avec ce monstre. Il avait voulu lui faire croire qu'ils étaient semblables, mais elle avait compris, ou peut-être même décidé, qu'il avait tort. Elle pouvait faire ce qu'elle voulait,

après tout. Elle n'avait besoin de personne pour lui dire qui elle était.

— Les enfants ?

La voix de Nana résonna soudain du rez-de-chaussée.

— Les enfants, vous êtes réveillés ?

— Si on ne l'était pas, maugréa Avril, maintenant oui.

Elle roula hors du lit en bougonnant, imitée par ses amis.

— Votre grand-oncle est rentré, cria encore Nana depuis la cage d'escalier. On n'a pas célébré Samhain, il serait peut-être temps ! Vous descendez, oui ou non ?

Avril et Octobre échangèrent un regard. Il était un peu tard pour fêter Samhain, le rituel qui avait habituellement lieu le même jour qu'Halloween et qui, dans la tradition wiccane, marquait le début d'une nouvelle année. Les enfants avaient compris que leur vieille tante n'avait pas pu se résoudre à préparer Samhain tant qu'Obole était au loin puisque, par-dessus tout, cette fête célébrait l'amitié et l'amour entre les vivants et les morts.

Avril se tourna vers ses amis avec un sourire.

— Je suis contente que vous soyez là, dit-elle.

Elle contempla Octobre et Nour, débraillés par le sommeil, H, avec son sourire d'esprit frappeur, et un profond sentiment d'espoir l'envahit tandis qu'ils ouvraient la porte.

— Je suis contente qu'on soit ensemble.